T0207973

Das SEO-Cockpit

Bastian Sens

Das SEO-Cockpit

8 Phasen einer erfolgreichen
SEO-Strategie für bessere
Google-Positionen

2., überarbeitete und erweiterte Auflage

 Springer Gabler

Bastian Sens
Sensational Marketing
Leverkusen, Deutschland

ISBN 978-3-658-29493-9   ISBN 978-3-658-29494-6   (eBook)
https://doi.org/10.1007/978-3-658-29494-6

Die Deutsche Nationalbibliothek verzeichnet diese Publikation in der Deutschen Nationalbibliografie; detaillierte bibliografische Daten sind im Internet über http://dnb.d-nb.de abrufbar.

Ursprünglich erschienen in der Reihe essentials unter dem Titel: Suchmaschinenoptimierung

Planung/Lektorat: Angela Meffert
Springer Gabler ist ein Imprint der eingetragenen Gesellschaft Springer Fachmedien Wiesbaden GmbH und ist ein Teil von Springer Nature.
Die Anschrift der Gesellschaft ist: Abraham-Lincoln-Str. 46, 65189 Wiesbaden, Germany

Geleitwort – Die Peddy-Shield-Story

Die Peddy Shield Sonnenschutzsysteme GmbH ist ein Hersteller von textilen Sicht- und Sonnenschutz-Produkten. Einer unserer Hauptvertriebskanäle ist der eigene Online-Shop, der 2003 an den Start ging. Über unseren Shop vertreiben wir Fertigprodukte für den Sonnenschutz, darüber hinaus gibt es durch eine Vielzahl von verschiedenen Kalkulatoren die Möglichkeit, eine individuelle Maßanfertigung zu konfigurieren. Zum Start des Online-Shops gab es fast keine maßgebliche Konkurrenz in diesem Produktbereich.

Erst über die Jahre entwickelte sich ein hart umkämpfter Markt. Die damalige Strategie von Peddy Shield war es, durch SEO in Eigenregie oder sporadisch mit verschiedenen Agenturen einen der oberen Plätze in Google zu besetzen. Daneben gab es natürlich immer auch ein SEA-Marketing. Anfangs wurden rasch einige Erfolge sichtbar, doch wie sich später herausrausstellen sollte, wurden hierbei auch einige Fehler mit deutlichen Folgen begangen. Es zeichnete sich immer mehr ab, dass die Strategie überdacht werden musste.

Ständige Updates des Google Such-Algorithmus machten die Aufgabe nicht leichter, eine konstante organische Google-Sichtbarkeit aufrechtzuerhalten. Bei den besonders stark umkämpften Keywords waren wir nahezu chancenlos. Unsere SEO-Sichtbarkeit verschlechterte sich ständig. Das fehlende Wissen und der ständige Wechsel der Agenturen, die alle verschiedene und einander teils widersprechende Strategieansätze verfolgten, führte am Ende sogar zu einer Abstrafung durch Google. Und eine solche Abstrafung ist fatal. Man benötigt mehrere Monate, vielleicht sogar Jahre, um aus dieser Position wieder herauszukommen. Wir verloren im Anschluss noch mehr Sichtbarkeit in Google. Um diese Misere auszugleichen, waren wir gezwungen, unser SEA-Budget deutlich zu erhöhen.

Es musste eine Entscheidung her! Wir entschlossen uns, den Shop mit einer langfristigen und kontinuierlichen SEO-Strategie neu auszurichten. Diese Entscheidung sollte sich später als wahrer Volltreffer herausstellen.

Wir lernten in den ersten Monaten einige grundlegende Lektionen. Wir mussten verstehen, dass SEO ein Prozess ist, der Zeit benötigt und als ein ständiges Wettrennen mit der Konkurrenz anzusehen ist. Als sich dann die ersten Erfolge einstellten, wurde das geduldige und strukturierte Arbeiten an dem Thema SEO belohnt. Der erste große Erfolg war es, die fatale Google-Abstrafung auszugleichen. Dadurch wurde die organische Sichtbarkeit mehr als verdoppelt, sogar bei stark umkämpften Keywords kamen wir unter die Top 10. Ein weiterer angenehmer Effekt war die deutliche Reduzierung der SEA-Kosten, gleichzeitig stiegen die erzielten Umsätze um 20 %.

SEO ist ein sehr komplexes Thema und einem steten Wandel unterworfen. Mit einer Vielzahl von verschiedenen Werkzeugen kann man große Erfolge feiern, aber sich mit einem gefährlichen Halbwissen und falscher Ausrichtung auch langfristig schaden. Die Kosten für das kontinuierliche SEO haben sich mehr als rentiert. SEO ist und bleibt für die nächsten Jahre ein wichtiger Kanal für uns.

Ich wünsche Ihnen viel Erfolg und Spaß mit diesem Buch von Bastian Sens, meinem geschätzten Freund und SEO-Fachmann.

Daniel Dunkel
Peddy Shield Sonnenschutzsysteme GmbH
Leverkusen, Deutschland

Vorwort

Täglich werden wir überhäuft mit Informationen, insbesondere zum Thema Suchmaschinenoptimierung (SEO). Auch wenn Google nicht viele Informationen preisgibt, publizieren Blogger und Magazine laufend neue Erkenntnisse, Studien und Hinweise. Aktuell lassen sich in Google News über 2,75 Mio. Einträge zum Suchwort „SEO" finden. Wie können Entscheider in Unternehmen dabei noch die Spreu vom Weizen trennen? Welche Informationen sind fundiert? Und welche davon sind überhaupt noch aktuell? Insbesondere auch: Was sind die großen Hebel in der SEO? Wir verlaufen uns schnell in einzelnen Maßnahmen – doch welche Bereiche bringn die großen Erfolge? Der SEO-Bereich entwickelt sich ständig weiter. Google optimiert seinen Bewertungsalgorithmus täglich. Als Geschäftsführer einer Agentur für Suchmaschinenmarketing und Online-Strategien begegnet mir diese Problemstellung sehr oft – und sie war der Impuls für das Schreiben dieses Buches.

Das Buch zeigt Ihnen kompakt einen optimalen und effizienten Weg zu Ihrer SEO-Strategie. Der Weg ist untergliedert in acht Phasen:

1. **Positionierung:** Wodurch unterscheiden Sie sich von Ihren Wettbewerbern? Welchen besonderen Nutzen bieten Sie an? Entwickeln Sie eine Nischenpositionierung, die Sie zu einem absoluten Experten macht.
2. **Zielgruppenbestimmung:** Welche Personae möchten Sie mit der Suchmaschinenoptimierung erreichen? Wie können Sie diese besser kennenlernen und welche Kriterien gilt es im B2C- und B2B-Bereich zu berücksichtigen? Erfahren Sie auch, welche Erkenntnisse aus dem Neuromarketing Sie nutzen können.
3. **Zielsetzung:** Welche konkreten Ziele verfolgen Sie mit der Suchmaschinenoptimierung? Lernen Sie die TEAM-Formel kennen, mit der Sie ehrgeizige Ziele für sich und Ihre Kollegen setzen können.

4. **Kanalauswahl:** Welche Kanäle sind für Sie wichtig, um Ihre Zielgruppe zu erreichen? Neben Ihrer Hauptdomain können Satellitenseiten, Google My Business und Fachmagazine wichtige Rollen spielen.

5. **Contenterstellung und E-A-T-Aufbau:** Lernen Sie die wichtigsten Faktoren der Erstellung und Optimierung von Inhalten für die SEO kennen. Außerdem: Wie können Sie sich mit Ihren Inhalten als Experte etablieren?

6. **Conversion- und Usability-Optimierung:** Nutzersignale spielen für Google eine immer wichtigere Rolle. Sorgen Sie mit Ihrer Website für ein positives Nutzererlebnis und letztlich für mehr Kunden.

7. **Technische Optimierung:** Wie schnell muss eine Website laden? Auf welche Inhalte darf Google zugreifen? Lernen Sie die wichtigsten Aspekte der technischen Optimierung kennen.

8. **Controlling:** Die gesetzten Ziele aus Phase drei werden im Controlling ganzheitlich erfasst. Doch das Controlling besteht mehr als aus Google Analytics. Entdecken Sie neue Tools, die Sie bei der Datenerfassung unterstützen.

Damit Ihnen die Umsetzung gelingt, habe ich Ihnen neben dem SEO-Cockpit als PDF-Vorlage ebenfalls Links zum kostenlosen Download von Checklisten eingearbeitet.

Darüber hinaus finden Sie in diesem Buch Spezialthemen, die im SEO-Bereich eine tiefer gehende Betrachtung benötigen: Ist Social Media für die SEO wichtig? Wie können Sie lokal gefunden werden? Diese Fragen werden in Kap. 3 behandelt.

Zuletzt soll die SEO Ihr Unternehmen bei Ihrer Zielerreichung, wie dem Umsatzwachstum, bestmöglich unterstützen. Sicherlich macht SEO Spaß, doch letztlich sollen Sie zukünftig die Früchte Ihrer Arbeit ernten. Allein darum geht es in Kap. 4 in Bezug auf die Wirtschaftlichkeitsberechnung.

Ich wünsche Ihnen viel Erfolg mit Ihrer Suchmaschinenoptimierung und insbesondere viel Spaß beim Lesen.

Bastian Sens

Inhaltsverzeichnis

Über den Autor

Mein Name ist Bastian Sens, ich bin Geschäftsführer der Sensational Marketing GmbH. Schon vor
meiner Selbstständigkeit habe ich die Website für
meine Eltern bzw. Großeltern, die einen Getränkeladen betrieben, erstellt und in Google auf Position
eins für „Getränke Leverkusen" gebracht. Das
machte mir damals so viel Spaß, dass ich kurz
darauf meine Diplomarbeit über die Suchmaschinenoptimierung geschrieben habe. Im Jahr 2010 habe
ich mich schließlich mit Sensational Marketing aus
dem damaligen Kinderzimmer heraus selbstständig
gemacht. Was ich brauchte, waren lediglich ein
Laptop und ein Drucker. Meine Website der
Sensational Marketing GmbH habe ich an einem
Wochenende mit dem Website-System TYPO3
fertiggestellt. Die Idee dahinter: Wenn ich die Websites von Kunden optimieren möchte, muss ich das
System von Grund auf verstehen. Ich bin ein
Praktiker, kein Theoretiker.

Mittlerweile ist mein Unternehmen aus den
Kinderschuhen herausgewachsen: Mit zehn Mitarbeitern betreuen wir mittelständische Unternehmen zum Thema Online-Marketing, sowohl auf
strategischer als auch operativer Ebene. Schon weit
über 300 Projekte haben wir erfolgreich betreut,
unter anderem die Online-Shops von 11Freunde

und Peddy Shield. Die Agentur gehört zu den renommiertesten in ganz Deutschland. Darüber hinaus führe ich Inhouse-Workshops durch, doziere zum Fach Online-Marketing an der Hochschule für Medien, Kommunikation und Wirtschaft (HMKW) in Köln und publiziere Videokurse, wie zuletzt bei LinkedIn Learning.

In meinen bisherigen drei Büchern habe ich den Spaß am Schreiben für mich entdeckt. 2019 gewann ich mit „Das Online-Marketing-Cockpit" den Award für das Business Buch des Jahres und den Strategiepreis für die beste Innovation.

Nehmen Sie Kontakt mit mir auf:
Persönliche Website: https://bastiansens.de
Agentur-Website: https://sensational.marketing
LinkedIn-Profil: https://www.linkedin.com/in/bastiansens/
E-Mail: bs@bastiansens.de

Suchergebnisse, Bewertungskriterien und Online-Marketing-Strategie

1

Optimieren wir Suchmaschinen? Nein! Zugegeben, der Name kann zu Verwirrung führen. Wir optimieren Websites, um in Suchmaschinen gefunden zu werden. Das Ziel dahinter ist klar: Durch bessere Positionen in Google & Co. erhalten Sie mehr Website-Besucher und somit potenziell mehr Neukunden und Bewerber.

Seit Anfang der Jahrtausendwende entwickelt sich das Internet immer mehr zu einem Medium für das Bereitstellen und Auffinden von Informationen. Die größte Suchmaschine weltweit wurde 1998 von Larry Page und Sergey Brin in Palo Alto (USA) entwickelt: Google. Das ist für Sie sicherlich nicht neu, soll Ihnen aber verdeutlichen, dass es erst ca. 20 Jahre her ist, dass dieses revolutionäre Unternehmen gegründet wurde. Das Geschäftskonzept dahinter ist uns von den staubigen Papierzeitungen schon bekannt: Werbeanzeigen. Doch im Gegensatz zu dieser alten Industrie hat Google es tatsächlich geschafft, den Unternehmen ein faires Konzept an die Hand zu geben: Sie zahlen nur, wenn ihre Werbeanzeige angeklickt wird! Das Ganze trägt den Namen „Google Ads". Damit erwirtschaftet Google (bzw. seine Muttergesellschaft Alphabet Inc.) mehr als 84 % seines Umsatzes (GoogleWatchBlog 2019). Aufgrund dieses Anteils wird Ihnen sicherlich klar, dass es das primäre Ziel von Google ist, viele Klicks auf die Werbeanzeigen zu schaffen (auch wenn Google es romantischer formuliert, dass es das Ziel hat, für die Suchenden die informativsten Ergebnisse zu einer Suchanfrage zu liefern). Google testet sehr oft verschiedene Darstellungen der Suchergebnisse: Einmal wird der Begleittext im Ads-Bereich „Anzeige" grün hinterlegt, ein anderes Mal orange. Diese Philosophie der fortlaufenden Optimierung ist ein Kernstück von Google – das Gleiche wird auch für die übrigen Google-Bereiche angewandt, und ich möchte auch Sie ermutigen, sich dieser Philosophie anzuschließen. Dazu aber in den nächsten Kapiteln mehr.

B. Sens, *Das SEO-Cockpit*, https://doi.org/10.1007/978-3-658-29494-6_1

Abb. 1.1 Google-Suche nach dem Begriff „Makler" (Google und das Google-Logo sind eingetragene Marken von Google Inc., Verwendung mit Genehmigung). (Quelle: Google.de)

Auch wenn Google für die Google-Ads-Anzeigen die ersten Positionen belegt hat, können Sie durch die Suchmaschinenoptimierung viele Klicks für sich gewinnen. Denn die Suchmaschinenoptimierung (Search Engine Optimization, SEO) betrifft den Bereich direkt unter den Google-Anzeigen.

Ich möchte Ihnen die Suchergebnisseite der Abb. 1.1 kurz erläutern: Bei der Suche nach „Makler" auf Google.de erhalten wir drei Google-Ads-Anzeigen (mit „Anzeige" gekennzeichnet) und anschließend das erste organische (natürliche) Suchergebnis. An der untersten Position befindet sich ein Ergebnis von Google Maps. Sowohl organische als auch Ergebnisse von Google Maps sind Teile bzw. Ziele der Suchmaschinenoptimierung. Die Ergebnisse von Google Maps erscheinen übrigens, weil Google bei dem Keyword „Makler" verstanden hat, dass der Surfer primär lokale Unternehmen finden möchte. Bei manchen Keywords finden Sie auf der Suchergebnisseite auch Bilder-, News- oder Videointegrationen. Diese Erweiterungen werden als Universal Search bezeichnet und sind für die Suchmaschinenoptimierung mindestens genauso wichtig wie die „normalen" Suchergebnisse, die Sie mit Ihrer Webseite erreichen können.

So weit, so gut. Vielleicht fragen Sie sich, warum wir uns bis hierher nur mit der Suchmaschine Google beschäftigt haben. Der Grund ist, dass in Deutschland Googles Marktanteil bei Desktopsuchen beinahe 86 % beträgt – bei mobilen Surfern sogar fast 99 % (Stand November 2019, vgl. Statista 2019a). Daher gehe ich in diesem Buch nur auf Google ein. Das Bewertungsprinzip der Suchmaschinen ist jedoch mehr oder weniger gleich. Wenn Sie die in diesem Buch erwähnten Optimierungstipps für Ihre Website berücksichtigen, werden Sie sicherlich in jeder Suchmaschine Erfolg haben.

1.1   Die SEO-Bewertungskriterien

Google arbeitet intensiv daran, die Suchergebnisse stetig zu verbessern. Die Suchenden sollen schnell und einfach die gewünschten Informationen finden. Weltweit existieren 349 Mio. Domains (Stand 2018; vgl. Statista 2019b), die hinsichtlich ihrer Inhalte und Wertigkeit überprüft werden müssen. Das geschieht natürlich automatisch durch einen Bewertungsalgorithmus. Dieser Algorithmus besteht aus ca. 200 Bewertungskriterien, die nur Google selbst kennt. Wir Suchmaschinenoptimierer testen laufend, welche Kriterien wichtig sind, lesen Studien, News und diskutieren mit Kollegen.

Als ich 2008 mit der Suchmaschinenoptimierung für den Getränkeladen meiner Eltern angefangen habe, waren die altbekannten Methoden angesagt: Meta-Keywords einsetzen, den Text mit Keywords „vollstopfen" und mit anderen

Webmastern Links tauschen. Auf einer Partnerseite hatte ich andere Websites verlinkt und dafür wurden wir wiederum verlinkt. Durch diese Maßnahmen hatte ich es für den Suchbegriff „Getränke Leverkusen" auf Position eins in Google geschafft – innerhalb von drei Monaten! Doch die Wichtigkeit all dieser Maßnahmen, die ein Webmaster selbst beeinflussen kann, hat Google für die Bewertungskriterien herabgesetzt. Für Google stellt sich stets die Frage: Wie können die Suchenden das beste Suchergebnis erhalten? Um sich dieser Frage zu nähern, untersucht Google selbstverständlich die Suchenden. Auf welches Suchergebnis klicken sie? Bleiben die Surfer auf der angeklickten Website oder verlassen sie diese direkt? Diese „neuen" Faktoren nennen sich „Nutzersignale" und gehören in den Fokus jedes Suchmaschinenoptimierers.

Für die Optimierung und Überprüfung der Bewertungskriterien bemüht Google viele sogenannte Quality Rater (reale Menschen) weltweit. Sie erhalten die Aufgabe, auf einer Skala von null bis zehn zu entscheiden, wie gut eine Webseite zu der jeweiligen Suchanfrage passt. Damit die Bewertung leichter fällt und vor allem standardisiert wird, hat Google einen Leitfaden mit rund 168 Seiten geschrieben. Dieser dient den SEOs ebenfalls als Informationsquelle, um die Bewertungskriterien von Google herauszulesen. Niemand kann mit Sicherheit kann sagen, welche Faktoren letztlich in welcher Ausprägung relevant sind. Doch konnten insbesondere bei den letzten Guidelines folgende Auffälligkeiten entnommen werden (Google 2019):

- **E-A-T**: Dieses Akronym steht für Expertise, Authority und Trustworthy (zu Deutsch Expertise, Autorität und Vertrauenswürdigkeit). Über 135 Mal wurde E-A-T in dem Dokument erwähnt! Quality Rater sollen im Kern beurteilen, ob das Unternehmen ein Experte in einem Themengebiet ist und wie vertrauenswürdig es ist. Es wird beispielsweise beurteilt, ob das Unternehmen bzw. der Autor der Seite einen anerkannten Award gewonnen hat, eine eigene Wikipedia-Seite aufweisen kann und von Webseiten aus der Branche verlinkt wurde.
- **Suchintention**: Hierbei sollen die Quality Rater die Erfüllung der Bedürfnisse der Suchenden in Bezug auf die Suchanfrage beurteilen. Dabei unterscheidet Google zwischen Know-, Do-, Website- und Visit-in-Person-Suchanfragen. Diese vereinheitlichen wir in informationsorientierte, transaktionsorientierte und navigationsorientierte Suchanfragen. Aus diesen drei Kategorien ergeben sich verschiedene Suchintentionen, nämlich: ob wir Informationen, Produkte oder Unternehmen finden möchten. Es werden unterschiedliche Inhalte gewünscht, die die Quality Rater beurteilen.

- **Content**: Google bestimmt die Bewertungskriterien je nach Thema. In dem Leitfaden wird generell ein Inhalt von hoher Qualität mit einem hohen Zeitaufwand bei der Erstellung, Einzigartigkeit und Expertise verbunden.

Neben den Nutzersignalen bilden diese drei wichtigen Bereiche die Säulen der zukünftigen SEO. Ich werde Ihnen diese Phase für Phase näherbringen, sodass Sie eine optimale SEO-Strategie für sich und Ihr Unternehmen entwickeln können.

1.2   Die Basis: Online-Marketing-Strategie

Die Grundlage für eine SEO-Strategie bildet stets die Online-Marketing-Strategie. Das hat zwei Gründe: Zum einen sollte SEO nicht das einzige Online-Marketing-Instrument für die Zielerreichung sein und zum anderen definieren Sie übergreifend Ihre Unternehmenspositionierung, Zielgruppe und Ziele.

In meinem Buch „Das Online-Marketing-Cockpit" gebe ich den Lesern eine praxisnahe Anleitung, wie ein Unternehmen in acht Phasen eine Strategie für das Online-Marketing erstellen kann (Abb. 1.2).

Abb. 1.2 Das Online-Marketing-Cockpit

Dabei sind die ersten drei Phasen des Modells ausschlaggebend für den späteren Erfolg von Kampagnen: Positionierung, Zielgruppendefinition und Ziele. Diese drei Phasen sind für die SEO-Strategie wesentliche Grundpfeiler. Im vorliegenden Buch gehe ich ebenfalls auf diese drei Phasen ein und gebe Ihnen spezifisch für die SEO einige Beispiele und Anleitungen.

Der große Vorteil eines solchen Cockpits ist, dass Sie es leicht auf einem Whiteboard aufzeichnen oder auf einem DIN-A4- bzw. A3-Papier ausdrucken können. Sie haben Ihre Strategie immer vor Augen, alle Maßnahmen werden auf dieser Basis ausgerichtet. *Sie schaffen Klarheit und Fokus auf die wichtigsten Themen!*

Sie können sich das Online-Marketing-Cockpit unter https://bastiansens.de/outcockpit herunterladen und ausdrucken.

▶   **Videotrainings auf LinkedIn** Sind Sie auf LinkedIn registriert? Dann probieren Sie einmal LinkedIn Learning unter https://www.linkedin.com/learning/. Dort finden Sie unter den vielen verschiedenen Videokursen auch zwei von mir. Mitte 2018 habe ich den TYPO3-SEO-Grundkurs und Ende 2019 den Videokurs zum Online-Marketing-Cockpit erstellt. Dabei habe ich viele Inhalte des gleichnamigen Buches in Videoform gedreht und kann Ihnen bereits bei der Erstellung Ihrer Online-Marketing-Strategie behilflich sein. Es gibt übrigens bei LinkedIn Learning eine siebentägige Testphase – kostenlos. Probieren Sie es aus und suchen Sie auf LinkedIn Learning nach Bastian Sens.

Literatur

Google. (2019). General Guidelines. https://static.googleusercontent.com/media/guidelines.raterhub.com/de//searchqualityevaluatorguidelines.pdf. Zugegriffen: 2. Jan. 2020.

GoogleWatchBlog. (2019). Alphabet Quartalszahlen 1/2019: 36,34 Milliarden Dollar Umsatz & massiver Gewinneinbruch durch EU-Strafe. https://www.googlewatchblog.de/2019/04/alphabet-quartalszahlen1-milliarden-dollar-4/. Zugegriffen: 6. Dez. 2019.

Statista. (2019a). Marktanteile von Suchmaschinen bei der Desktop-Suche und bei der mobilen Suche in Deutschland im November 2019. https://de.statista.com/statistik/daten/studie/301012/umfrage/marktanteile-der-suchmaschinen-und-marktanteile-mobile-suche/. Zugegriffen: 6. Dez. 2019.

Statista. (2019b). *Rund 349 Millionen Domains weltweit.* https://de.statista.com/infografik/487/anzahl-der-top-level-domains/. Zugegriffen: 2. Jan. 2020.

SEO-Strategie mit dem SEO-Cockpit entwickeln

2

Das Online-Marketing-Cockpit ist die übergeordnete Leitlinie. Es gibt die wichtigsten Inhalte des Online-Marketings an, woraus sich Strategien für jeden einzelnen Kanal bzw. jedes Instrument spezifizieren lassen. So habe ich aus dem Online-Marketing-Cockpit das SEO-Cockpit abgeleitet (Abb. 2.1).

Der Vorteil an dem SEO-Cockpit ist, dass Sie ein bekanntes Instrument für Ihr Online-Marketing-Team (intern und/oder extern) einsetzen. Ihre Mitarbeiter arbeiten nicht nur im SEO-Bereich, sondern schreiben beispielsweise auch Texte für Facebook & Co. Wenn Sie beide Cockpits einsetzen, sorgen Sie für mehr Effizienz! Gerne können Sie für sich auch ein Social-Media-Cockpit entwickeln.

Ich führe Sie nun durch die einzelnen Phasen des SEO-Cockpits, hin zu Ihrer persönlichen SEO-Strategie. Zeichnen Sie sich das Cockpit auf einem Whiteboard auf oder drucken es sich aus. Das PDF-Dokument können Sie unter https://bastiansens.de/outseocockpit herunterladen. Je mehr Cockpits Sie erstellen, desto eher bietet sich der Ausdruck an. Alternativ können Sie auch die Cockpits digital anlegen. Nutzen Sie dazu die PowerPoint-Datei unter https://bastiansens.de/outscocockpitppt.

▶ **Wichtig** Erst die kontinuierliche Optimierung und der wiederholte Durchlauf der einzelnen Phasen führen zu besseren Positionen in Google. Es ist ein Wettrennen mit Ihren Wettbewerbern! Dieses können Sie nur durch fortlaufende Verbesserung Ihrer Website gewinnen. Ich kann Sie nur ermutigen, möglichst schnell damit zu beginnen. Die Erstellung einer SEO-Strategie soll Ihnen helfen, die Suchmaschinenoptimierung strukturiert anzugehen.

Abb. 2.1 Das SEO-Cockpit

2.1   Phase 1: Positionierung

Die Positionierung ist die erste und elementarste Phase der SEO-Strategie, denn mit ihr steht und fällt der Online-Erfolg eines Unternehmens. Das erkläre ich Ihnen anhand eines Beispiels (vgl. Sens 2019a).

Beispiel: Sneaker-Socken

Stellen Sie sich einmal vor, Sie suchen im Internet nach Sneaker-Socken. Sie tippen den Suchbegriff „Sneaker Socken Online Shop" bei Google ein und erhalten eine ganze Bandbreite an Suchergebnissen (Abb. 2.2). Sie finden bekannte Online-Shops wie Amazon oder Zalando – aber auch auf den weiteren Positionen Ihnen unbekannte Online-Shops, wie sockenshoppen.de. Worin unterscheiden sich nun die Suchergebnisse? Meinem Empfinden nach kaum. Sie können lediglich aufgrund der Markenbeliebtheit – zum Beispiel, weil Sie Zalando mögen – entscheiden. Das ist ein großes Problem für unbekannte Shops! Deshalb gilt es, schon in der Meta Description bzw. dem Title die eigene Positionierung klar zu machen und insbesondere das Nutzenversprechen aufzuzeigen. Denn seit langem ist bekannt, dass die Nutzersignale die wichtigsten SEO-Bewertungskriterien von Google sind (Searchmetrics 2016).

Stellen wir uns weiterhin vor, dass Sie auf das Suchergebnis sockenshoppen.de klicken. Warum sollten Sie bei diesem Shop bestellen und nicht bei bekannten Shops, wie beispielsweise Zalando? Surfer entscheiden innerhalb weniger Sekunden, ob sie auf einer Website bleiben oder sie verlassen. Der Nutzen und die Vorteile müssen sofort klar erkennbar sein! Und das sind sie in dem Fall nicht. ◄

Was impliziert die Positionierung konkret?

Die Positionierung ist besonders mit einem Produkt oder einer Dienstleistung verbunden, allerdings ist sie nicht auf die rein physische Existenz des Produktes oder der Dienstleistung beschränkt. Sie ist vielmehr das, was das Produkt in den Köpfen der Kunden auslöst. Dabei ist es wichtig, sich auf die Zielgruppe zu konzentrieren und das Produkt so zu inszenieren, dass es den Vorstellungen, Wünschen und Träumen der Kunden entspricht. Deshalb geht die Positionierung eng mit der Zielgruppendefinition einher.

Sneaker Socken online bestellen | ZALANDO
https://www.zalando.de/sneaker-socken/ ▾
Sneaker Socken für den perfekten Auftritt in deinen Sneakern. Guter Sitz und großer Stylefaktor mit Hilfe von **Sneaker Socken**.

Sneaker Socken online kaufen - jetzt bei Galeria Kaufhof
https://www.galeria-kaufhof.de › ... › Socken & Strumpfhosen › Socken ▾
Sie suchen hochwertige **Sneaker Socken**? Galeria Kaufhof präsentiert Socken in bester Qualität von Falke, Puma, Burlington und weiteren Topmarken.

Sneakersocken online kaufen » Damen Sneaker-Socke | OTTO
https://www.otto.de › Wäsche/Bademode › Damenwäsche › Socken ▾
Sneakersocken kaufen » OTTO.de ✓ Top Marken ✓ Schlichte & Bunte Socken ✓ Kurzsocken, Füßlinge & offene Füßlinge ✓ Entdecke jetzt **Sneaker - Socken** für ...

Sneaker-Socken | Socken vom Hersteller Onlineshop
https://www.sockenshoppen.de/sneaker-socken/ ▾
★★★★★ Bewertung: 5 - 995 Rezensionen
Sneaker-Socken im 3-Paar-Pack aus Baumwolle, einfarbig und mit eingestricktem Größen-Code. Ideal für Sport und Freizeit die blickdichten Baumwoll Sn...

Abb. 2.2 Suchergebnisse für den Suchbegriff „Sneaker Socken Online Shop" auf Google. de (Google und das Google-Logo sind eingetragene Marken von Google Inc., Verwendung mit Genehmigung). (Quelle: Google.de)

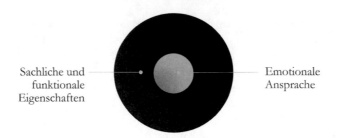

Sachliche und
funktionale
Eigenschaften

Emotionale
Ansprache

Abb. 2.3 Kernelemente zur Erarbeitung einer Positionierung

Das Ziel der Positionierung ist es, die rationalen und noch stärker betonten emotionalen Dienstleistungs- bzw. Produkteigenschaften mit denen der Zielgruppe bei einem solchen Produkt als wichtig angesehenen Eigenschaften in Einklang zu bringen. Laut dem Buchautor und Experten für Neuromarketing, Dr. Häusel, treffen Menschen über 70 % ihrer Kaufentscheidungen emotional (Häusel 2014). Deshalb ist es von zentraler Bedeutung, neben den rationalen bzw. sachlichen Eigenschaften auch die emotionalen Aspekte des Produktes oder der Dienstleistung in den Vordergrund zu stellen (Abb. 2.3).

5 Schlüsselfaktoren für eine erfolgreiche Positionierung
Welche Anforderungen sollten Sie bei der Entwicklung einer Positionierung berücksichtigen? Im Kern sind dies die fünf Schlüsselfaktoren (Großklaus 2015):

1. **Marktpotenzial:** Da es viel Aufwand bedeutet, eine Positionierung durchzusetzen, muss Ihre Zielgruppe groß genug sein, um diese Positionierung wirtschaftlich zu vertreten.
2. **Image:** Die Positionierung muss zum Unternehmens- bzw. Markenimage passen, da das Unternehmen bzw. die Marke ansonten unglaubwürdig erscheint.
3. **Alleinstellung/Unterscheidbarkeit:** Die Positionierung muss eine merkfähige, kreative und glaubwürdige Alleinstellung im Wettbewerbsumfeld einnehmen können.
4. **Produktnutzen:** Dieser besteht aus zwei Elementen: den sachlichen Eigenschaften und der emotionalen Ansprache. Ein Produkt ist umso wertvoller für die Zielgruppe, je mehr Emotionen es hervorruft. Emotionen werden als Produktwert verkauft. Ist der emotionale Produktwert größer als das Preisopfer, ist die Zielgruppe bereit zu kaufen.
5. **Kontinuität:** Die Positionierung muss über einen längeren Zeitraum tragfähig sein. Sie sollte nicht kurzfristigen Änderungen ausgesetzt werden.

Die EKS®-Strategie als ein möglicher Weg zur eigenen Positionierung
Aus den Schlüsselfaktoren können wir herauslesen, dass Unternehmen mit der Positionierung eine Zielgruppe ansprechen müssen, die groß genug ist, und dass sie einen bestimmten Mehrwert bieten können. Es gibt viele Wege, um eine gute Positionierung zu erreichen. Ich persönlich habe die besten Erfahrungen mit der EKS®-Strategie (Engpasskonzentrierten Verhaltens- und Führungsstrategie) gemacht, die von dem Buchautor Wolfgang Mewes konzipiert wurde. Mit meiner Agentur Sensational Marketing habe ich übrigens im Jahr 2019 den EKS®-Strategiepreis für die beste Innovation gewonnen.

Bei der Strategie geht es insbesondere um die Erarbeitung einer Nischenstrategie, d. h., dass Sie einen Bereich finden, der weniger umkämpft ist, um in dieser Nische die Ängste und Probleme Ihrer Kunden als absolut Bester zu lösen. Die Strategie ist vor allem von folgender Leitfrage geprägt: Welchen Nutzen stiftet mein Unternehmen? Um sich dieser Frage zu nähern, beinhaltet die Strategie vier Grundprinzipien:

1. Konzentration der Kräfte auf Stärkepotenziale und Abbau von Verzettelung (Stichwort: Bauchladen)
2. Orientierung der Kräfte auf eine engumrissene Zielgruppe
3. In die Lücke (Marktnische) gehen
4. Sich ins Detail der Problemlösung einarbeiten

Mithilfe einer Nischenstrategie haben Sie die gute Möglichkeit, sich als Experte bei Ihrer Zielgruppe zu positionieren. Das geschieht gleichfalls auch für Google. Wie in Abschn. 1.1 bereits erläutert, sollten sich Unternehmen in der SEO immer mehr zu einer Autorität entwickeln – und das kann nach meiner Ansicht bei einem begrenzten Budget nur mit einer Nischenpositionierung umgesetzt werden!

▶   Werden Sie zu einer Autorität in einer Nische!

Als ich 2013 die EKS®-Strategie kennenlernte, war für mich besonders der Fokus auf den Kundennutzen extrem spannend. Welche Ängste, Wünsche und Probleme existieren bei einer spezifischen Zielgruppe? Wie kann ich dafür eine noch bessere Lösung schaffen? Oftmals „schlummert" die Lösung bereits in den Unternehmen, man muss sie nur präsent machen!

Wie können Sie Ihre Positionierung bestimmen? Dafür habe ich Ihnen die aus meiner Sicht wichtigsten Fragen der EKS® zusammengestellt. Beantworten Sie bestmöglich die folgenden Fragen:

- Standortbestimmung: Was sind die Stärken Ihres Unternehmens? Vermeiden Sie hierbei unbedingt Plattitüden, wie zum Beispiel: „Wir bieten den besten Service." Bennenen Sie stattdessen konkrete Stärken!
- Welche Zielgruppen sprechen Sie an? (Dies werden wir in der zweiten Phase des SEO-Cockpits ebenfalls beleuchten.)
- Bestimmen Sie die Ängste, Wünsche und Probleme der Zielgruppen (gehen Sie hierbei in die Tiefe – nehmen Sie sich Zeit und befragen Sie auch Ihre Kunden).
- Wie können Sie die Ängste, Wünsche und Probleme einer Zielgruppe lösen?
- Überlegen Sie: Könnte ein Kooperationspartner bei Ihrer Lösung behilflich sein? Kann dadurch ein noch größerer Kundennutzen entstehen?

Die Positionierung geht eng mit der Zielgruppenbestimmung einher. Sehen Sie die Phasen nicht als abgeschlossen an, sondern springen Sie auch gerne zwischen diesen Phasen. Im weiteren Zeitverlauf sollten Sie ohnehin aus der Positionierung und Differenzierung eine kontinuierliche Aufgabe machen. Ihr Wettbewerb wird Ihnen nacheifern – Sie müssen ihm immer einen Schritt voraus sein!

Die Strategie in der Praxis
Eines meiner Lieblingsbeispiele der EKS®-Strategie ist das Unternehmen Kieser Training. Im B2C-Bereich eröffnete Werner Kieser 1966 sein erstes Fitnessstudio in Zürich. Er konzentrierte sich auf ein großes Problem seiner Zielgruppe: Rückenschmerzen. Er fragte sich: Was braucht meine Zielgruppe? Er bot seinen Kunden ein reduziertes Angebot an, das ganzheitlich nur ein Ziel hatte: Einen gesunden und starken Rücken. Damals wie heute kämpfen viele Fitnessstudios um Neukunden, doch Kieser Training ist immer noch unangefochten die Nummer eins – als Spezialist. Hochprofitabel und stetig wachsend – seit über 50 Jahren.

Sehr schön sieht man die umgesetzte Strategie von Kieser Training auch auf der Website (Abb. 2.4). Sie sehen einen starken und gesunden Rücken abgebildet, zusammen mit der Überschrift „Jeder 2. Erwachsene hat Rückenbeschwerden". Kieser Training richtet sich an Personen, die häufig mit dem Problem Rückenschmerzen zu kämpfen haben – und das wird auf einen Blick sichtbar.

Auch hier lässt sich die Liste der Beispiele beliebig erweitern, weshalb im Folgenden ein weiteres Beispiel dargestellt wird, um die Positionierung noch einmal zu verdeutlichen.

Sneaker-Socken
Wir gehen noch einmal das Beispiel der Sneaker-Socken ein und schauen uns den Online-Shop snocks.com mit der entsprechenden Landingpage https://snocks. com/products/sneakersocken an. Wir alle kennen das Problem, dass die Socken

Abb. 2.4 Startseite von kieser-training.de mit der Inszenierung der Positionierung. (Quelle: Kieser Training AG o. J.)

irgendwann Löcher haben, schlecht sitzen und die Sneaker-Socken auch schon einmal vom Fuß abrutschen. Snocks hat sich als Experte für Socken positioniert und die Probleme der Kunden verstanden. Für diese Probleme hat Snocks jeweils eine Lösung und gibt den Kunden sogar eine Anti-Loch-Garantie (siehe Abb. 2.5). Das hebt den Shop erheblich vom Wettbewerb ab und verspricht hohe Konversionsraten.

Seit einigen Monaten betreibt Snocks SEO. Die Meta-Description wurde mittlerweile sehr gut optimiert und die Garantie eingebracht: „6 Paar Kurze Sneaker Socken von SNOCKS. ✓Junges Start-up unterstützen ✓ Versand & Rückversand ✓Anti-Loch-Garantie".

Dieses Suchergebnis unterscheidet sich erheblich von den anderen (vergleichen Sie dies noch einmal mit der Abb. 2.2). Die Klickrate für Snocks steigt,

Abb. 2.5 Landingpage von snocks.com mit der Anti-Loch-Garantie. (Quelle: Snocks GmbH 2019)

Abb. 2.6 Entwicklung der Positionen von snocks.com für das Keyword „Sneaker-Socken" in Google.de. (Quelle: Sistrix GmbH)

die Positionen in Google werden immer besser und der wirtschaftliche Erfolg stellt sich ein. In der Abb. 2.6 sehen Sie die Entwicklung der Positionen von Snocks für den Suchbegriff „Sneaker-Socken" in Google. Seit Sommer 2019 klettert die Website Woche für Woche weiter nach oben – bis an die Position eins. Vor Amazon und Zalando!

Positionierung als Arbeitgeber
Seit 2019 zeigt Google bei der Suche nach Jobs direkt Stellenausschreibungen von Unternehmen an. Für Sie bietet dies die große Chance, durch Such-maschinenoptimierung der Stellenanzeigen auf der eigenen Website in Google auf der ersten Position zu stehen – vor StepStone & Co. In der Vergangen-heit war es sehr schwierig, an den Portalen in Google vorbeizukommen. Das ist nun anders. Unternehmen haben jetzt die Möglichkeit, durch cleveres SEO die prominenten Plätze zu erklimmen (Abb. 2.7). Das führt nun dazu, dass SEO auch im Personalmarketing eine immer wichtigere Rolle spielt.

Wie auch bei der Auswahl eines Online-Shops oder Dienstleisters vergleichen potenzielle Bewerber die Arbeitgeber. Wofür steht das Unternehmen? Kann sich der Bewerber mit der Vision des Unternehmens identifizieren? Sie merken: Die Positionierung als Arbeitgeber ist sehr wichtig, wenn Sie zukünftig die besten Bewerber ansprechen möchten. Machen Sie sich auch bei dieser Positionierung klar, was Ihr Unternehmen ausmacht – welche Werte es hat und wodurch es sich vom Wettbewerb unterscheidet. Auch hier gilt die enge Verknüpfung mit der zweiten Phase des SEO-Cockpits. Definieren Sie als Zielgruppe ideale Bewerber,

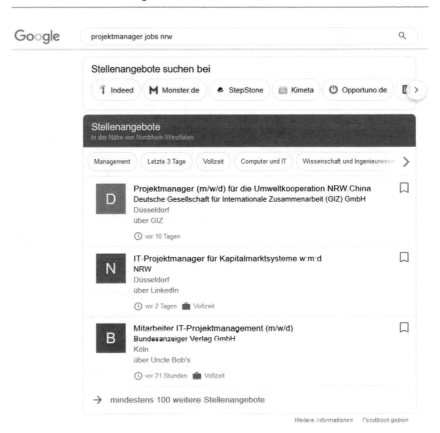

Abb. 2.7 Stellenanzeigen in den Suchergebnissen von Google (Google und das Google-Logo sind eingetragene Marken von Google Inc., Verwendung mit Genehmigung). (Quelle: Google.de)

die Sie anziehen möchten. Welche Probleme und Wünsche haben diese? Und: Welche Lösungen bieten Sie dafür an? Ein gesundheitsbewusstes Unternehmen bietet zum Beispiel neben dem üblichen Obstkorb auch ein eigenes Fitness-studio an. Ein anderes Unternehmen bietet Rückenkurse an. In meiner Agentur Sensational Marketing machen wir quartalsweise ein Teamevent – wir gehen zum Bowling oder zuletzt auch Paintball spielen. Fast jeden Tag kochen wir gemeinsam. Wir sind eine Familie, und das leben wir jeden Tag.

Ihr SEO-Cockpit

Schreiben Sie Ihre Positionierung in Ihr SEO-Cockpit. Wofür steht Ihr Unternehmen? Was macht es so besonders? Welche Nischenstrategie verfolgen Sie? Notieren Sie sich auch Begriffe zu Ihren Werten, der Identität und Ihrer Kultur. Vermeiden Sie unbedingt nichtssagende Plattitüden wie: „Wir sind ein Familienunternehmen." Welchen Vorteil hat der Kunde wirklich davon?

Notieren Sie sich einfache Stichpunkte, die Ihnen später als Wegweiser für weitere Maßnahmen und Strategieentwicklungen helfen. Auf meiner Website bastiansens.de finden Sie Praxisbeispiele, an denen Sie sich gerne orientieren können.

Definieren Sie für sich und ihr Unternehmen ebenfalls Ihre Arbeitgeberpositionierung. Was unterscheidet Sie von Ihren Wettbewerbern? Wie gehen Sie auf die Probleme und Wünsche der Zielgruppe ein? ◄

Weiterführende Literatur

- Esch, F.-R. (2017). Strategie und Technik der Markenführung. München: Franz Vahlen.
- Esch, F.-R., Knörle, C., Strödter, K. (2014). Internal Branding: Wie Sie mit Mitarbeitern Ihre Marke stark machen. München: Franz Vahlen.
- Esch, F.-R., Tomczak, T., Kernstock, J., Langner, T., Redler, J. (2019). Corporate Brand Management – Marken als Anker strategischer Führung von Unternehmen. Wiesbaden: Springer Gabler.
- Friedrich, K. (2009). EKS® – Das große 1x1 der Erfolgsstrategie: EKS® – Erfolg durch Spezialisierung. Offenbach: Gabal.
- Gassmann, O., Frankenberger, K., Csik, M. (2016). Geschäftsmodelle entwickeln: 55 innovative Konzepte mit dem St. Galler Business Model Navigator. München: Carl Hanser.
- Lewrick, M., Link, P., Leifer, L. (2018). Das Design Thinking Playbook: Mit traditionellen, aktuellen und zukünftigen Erfolgsfaktoren. München: Franz Vahlen.
- Sawtchenko, P. (2014). Positionierung – das erfolgreichste Marketing auf unserem Planeten: Das Praxisbuch für ungewöhnliche Markterfolge. Offenbach: Gabal.
- Stolz, W., Wedel-Klein, A. (2013). Employer Branding: Mit Strategie zum bevorzugten Arbeitgeber. München: Oldenburg.

• Wala, H., Burda, H. (2011). Meine Marke: Was Unternehmen authentisch, unverwechselbar und langfristig erfolgreich macht. München: REDLINE.

2.2   Phase 2: Zielgruppenbestimmung

In der zweiten Phase des SEO-Cockpits definieren Sie Ihre Zielgruppe. Personae dienen Ihnen später als Repräsentanten dieser Gruppierungen, um beispielsweise einen Text zu erstellen, der die emotionalen Ängste, Wünsche und Probleme anspricht.

„Eine Persona ist eine fiktive Person, die dennoch konkrete Eigenschaften besitzt und stellvertretend für die Menschen Ihrer Zielgruppe steht. Denn einfach nur zu definieren, dass diese beispielsweise Engländer über 60 Jahre alt und wohlhabend sind, wäre nicht zielführend: Sie würden damit sowohl Prinz Charles als auch Ozzy Osbourne erreichen. Extrem unterschiedliche Typen, die Sie jeweils unterschiedlich ansprechen müssten. Deshalb ist die Personadefinition so extrem wichtig! Spezifizieren Sie Ihre Persona so gut es geht." (Sens 2019b)

Definieren Sie für Ihr Unternehmen mindestens eine Persona. Wenn Sie mehrere Geschäftsbereiche oder Kategorien mit unterschiedlichen Zielgruppen haben, bestimmen Sie jeweils verschiedene Personae. Falls Sie auch SEO für das Personalmarketing angehen möchten, definieren Sie auch Personae für diesen Bereich. In der Abb. 2.8 finden Sie eine beispielhafte Persona: Petra,

Personadefinition

‣ Name: Petra
‣ Alter: 58 Jahre
‣ Wohnort: Köln
‣ Familienstand: Verheiratet, 2 Kinder
‣ Hobbies: Nähen, Tennis
‣ Surfverhalten: Eltern.de, Tennis.de, Youtube.de
‣ ...

Abb. 2.8 Beispiel für eine vereinfachte Personadefinition. (Quelle des Fotos: https://unsplash.com/)

eine Frau aus Köln, 58 Jahre alt mit ihren Charaktereigenschaften, Hobbys und favorisierten Marken.

Erweitern Sie diese Persona am besten um ihre Ängste, Wünsche und Probleme. Wie in dem Beispiel von Snocks gesehen, ist dies auch oft der Schlüssel für eine funktionierende Positionierung – und damit auch für die SEO.

Für die SEO-Strategie sind das Surfverhalten und damit insbesondere die besuchten Websites oder Portale interessant. Im B2B-Bereich können es Fachmagazine sein. Im Online-Marketing sind dies beispielsweise W&V, Website Boosting und t3n. Im B2C-Bereich können es Nischenblogs oder Magazine, wie „Schöner Wohnen" sein. Doch es muss nicht immer ein Online-Magazin sein. Letztlich sollten Sie Ihren Bekanntheitsgrad für Ihre Marke steigern. In Abschn. 1.1 haben Sie gelernt, dass Google Autoritäten favorisiert. Und Autoritäten haben einen höheren Bekanntheitsgrad bei ihrer Zielgruppe. Demnach sind auch Offline-Magazine für die Personadefinition relevant.

Limbic Map®
Wie bereits in Abschn. 2.1 erläutert, treffen Menschen über 70 % ihrer Kaufentscheidungen emotional (Häusel 2014). Über 70 %! Das bedeutet, dass wir uns beispielsweise ein Auto aus emotionalen Gründen kaufen und uns die Entscheidung später rational erklären. Mit diesem Wissen ist es fast unerlässlich die Zielgruppe hinsichtlich der emotionalen Ausprägungen zu definieren.

Der von der Gruppe Nymphenburg angewandte und geschützte Neuromarketing-Ansatz Limbic® geht – wie die Abb. 2.9 zeigt – von drei Bedürfnissen aus, die unsere (Kauf-)Entscheidungen und im Grunde unser gesamtes Verhalten steuern:

1. Balance
2. Dominanz
3. Stimulanz

Die Entscheidung findet dabei maßgeblich im limbischen System in unserem Gehirn statt. Es existieren auch Mischformen dieser Bedürfnisse, die ebenfalls Motivfelder beinhalten und Verhalten auslösen:

- Disziplin/Kontrolle
- Fantasie/Genuss
- Abenteuer/Thrill

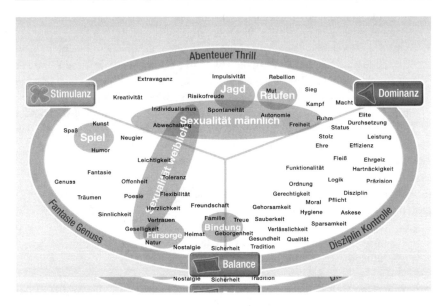

Abb. 2.9 Limbic Map® nach Dr. Häusel, Gruppe Nymphenburg Consult AG. (Quelle: Gruppe Nymphenburg)

Für Ihr SEO-Cockpit ist es jetzt wichtig, dass Sie Ihre Personae entsprechend einordnen. Tendenziell kennen Sie Ihre Zielgruppen so gut, dass keine weiteren Tests notwendig sind. Falls Sie Ihre Personae nicht so gut kennen, zum Beispiel weil es eine neue Zielgruppe ist, dann lassen Sie den Limbic Map®-Test online durchführen: https://bastiansens.de/outlimbic. Es sollten mindestens fünf Personen sein, um ein einigermaßen verlässliches Ergebnis zu erhalten.

Mit dem Wissen um die emotionalen Ausprägungen können Sie auch die Positionierung noch einmal erweitern. Denn in der Positionierung sind sowohl funktionale und sachliche Differenzierungen empfehlenswert als auch emotionale Merkmale (Esch et al. 2019).

- Balance-Typen wünschen sich Sicherheit und sind familienorientiert. Manch ein Unternehmen sagt dann schnell „klasse, dass passt zu uns – denn wir sind ein Familienunternehmen". Machen Sie es konkreter: Was hat der Kunde davon, dass Sie ein Familienunternehmen sind? Das könnte sein, dass Sie ein fester jahrelanger Ansprechpartner sind. Sie kennen die Bedürfnisse Ihres Kunden auswendig, sodass er sich geborgen fühlt.

- Falls Sie dominante Personen im B2B-Bereich ansprechen möchten, sind unter anderem Leistung und Effizienz wichtig. Wie können Sie diese Wünsche mit Ihren Produkten oder Dienstleistungen erfüllen? Wie gesagt: Verwenden Sie auf keinen Fall Plattitüden, sondern werden Sie konkret!
- Stimulanz-Typen haben ein Verlangen nach Spaß und Abwechslung. Ein Weiterbildungsanbieter könnte sein Seminarportfolio stets erweitern und den Kunden täglich einen Wissensimpuls per E-Mail zusenden.

Erstellen Sie jetzt Ihre Personae, die auch die emotionalen Motive abdecken. Eine Word-Schablone für Ihre Personae habe ich Ihnen zum Download bereitgestellt:

- B2C: https://bastiansens.de/outb2ctemplate
- B2B: https://bastiansens.de/outb2btemplate

Alternativ können Sie auch das Online-Tool zur Personaerstellung von Hubspot nutzen: https://www.makemypersona.com/.

Ihr SEO-Cockpit

Schreiben Sie schließlich in Ihr SEO-Cockpit, welche Personae Sie ansprechen möchten. Notieren Sie sich am besten auch Eckpunkte der Personae, wie zum Beispiel aus der Limbic Map® „Dominant" und deren brennendsten Engpass.

Das Cockpit soll eine Zusammenfassung der konkreten Ausarbeitung Ihrer Personae in den Word-Templates sein. Sie und Ihr Team verinnerlichen die Personadeklarationen und können zukünftig alle Maßnahmen und Strategien für Ihre Zielgruppe effizient angehen. Notieren Sie sich einfach wichtige Stichpunkte. Diese geben Ihnen Orientierung.

Falls Sie mehr als fünf Personae definiert haben, notieren Sie zumindest die Namen in Ihrem Cockpit. ◄

Weiterführende Literatur

- Häusel, H. G. (2014). Think limbic. Die Macht des Unbewussten nutzen für Management und Verkauf. Freiburg: Haufe.

- Häusel, H. G. (2018). Buyer Personas: Wie man seine Zielgruppen erkennt und begeistert. Freiburg: Haufe.
- Kreutzer, R. T. (2017). Praxisorientiertes Marketing – Grundlagen – Instrumente – Fallbeispiele. Wiesbaden: Springer Gabler.

2.3 Phase 3: Zielsetzung

Für Ihre SEO-Strategie sind Zieldefinitionen erfolgsentscheidend. Ziele geben Ihnen und Ihrem Team eine Richtung vor. Die entscheidende Ausgangsfrage ist: Wo möchten Sie in zwei bis vier Jahren stehen? Ich beziehe mich hierbei auf Ihr Unternehmen im Allgemeinen, also auf Ihre Unternehmensziele. Was möchten Sie in zwei bis vier Jahren erreichen? Davon abgeleitet können Sie bestimmen, wie viel das Online-Marketing und speziell SEO zu der Erreichung dieses Unternehmensziels beitragen soll. Für die Herleitung dieser wirtschaftlichen Ziele empfehle ich Ihnen, folgende Fragen schriftlich zu beantworten:

- Wie viel Umsatz soll die Website im Zeitraum X generieren?
- Wie viele Anfragen (Telefonanrufe, E-Mails etc.) oder Bestellungen sind dazu nötig?
- Wie viele Besucher werden benötigt, um die Anzahl der Anfragen zu erreichen (im Internet ist eine Konversionsrate – vom Besuch zur Anfrage – von einem bis drei Prozent normal)? Falls Sie Google Analytics oder ein ähnliches Trackingsystem und das Conversion-Tracking einsetzen, können Sie Ihre konkrete Kennzahl hier einsetzen.
- Wie hoch soll der Anteil von Besuchern durch die organische Suche sein?

Beispiel: Umsatzzielsetzung

Nehmen wir an, Sie möchten im kommenden Jahr einen Umsatz von zehn Millionen Euro erwirtschaften. Ein Kunde bleibt durchschnittlich fünf Jahre bei Ihrem Unternehmen und generiert Ihnen einen Umsatz von 100.000 EUR. Da Sie im aktuellen Jahr einen Umsatz von acht Millionen Euro prognostizieren, beträgt das Wachstum 25 % bzw. zwei Millionen Euro und damit 20 Neukunden. Zuletzt müssen Sie bestimmen, über welche Vertriebswege Sie diesen Umsatz generieren: Empfehlungen, Telefonverkauf, Website usw.
Der Anteil, den Sie über die Website erreichen möchten, wird jetzt konkretisiert: Sie benötigen insgesamt 20 Neukunden, die Ihnen ein Wachstum

von 25 % bescheren. Über die Website sollen 15 Neukunden generiert werden, die restlichen fünf Neukunden über Empfehlungsmarketing. Nehmen wir weiterhin an, dass Ihre Website pro Jahr von 1500 Personen besucht wird. Ihre Konversionsrate beträgt laut Google Analytics 0,5 %. Demnach generieren Sie ca. acht Kunden pro Jahr.

Um Ihr Ziel von insgesamt 15 Neukunden zu erreichen, können Sie jetzt sowohl die Anzahl der Besucher als auch die Konversionsrate durch Conversion-Rate-Optimierung steigern. Es müssen aufgerundet acht Neukunden generiert werden. Wir entscheiden uns in diesem Beispiel für eine Verdopplung der Besucherzahlen. Vor dem Hintergrund, dass Sie nicht abhängig von organischen Besuchern und deren Umsatz sein möchten, sollte die Verteilung der Besucherquellen ausgeglichener werden. So wird beispielsweise angenommen, dass SEO zu einem Besucherzuwachs von 25 % führt. Gemäß der Rechnung 1500 Besucher × 25 % ergeben sich 375 Besucher, die durch SEO zusätzlich generiert werden sollen. ◄

SMART- und TEAM-Ziele
Bei der Zieldefinition wird häufig nach der SMART-Formel vorgegegangen. Das Akronym bedeutet, dass Ihre Ziele wie folgt definiert sein sollten:

- S = Spezifisch
- M = Messbar
- A = Akzeptiert
- R = Realistisch
- T = Terminiert

Meiner Ansicht nach ist ein Zielvorhaben wie die Steigerung des Umsatzes um zehn Prozent durch SEO im Zeitraum X nicht wirklich motivierend. Nach der SMART-Formel wäre sie jedoch realistisch und akzeptiert.

Für mich persönlich sind solche realistischen Ziele nicht motivierend und für viele in meinem Umfeld ebenfalls nicht. Deshalb habe ich eine eigene Formel entwickelt: die TEAM-Formel. Sie steht als Akronym für:

- T = Terminiert
- E = Ehrgeizig
- A = Akkurat
- M = Messbar

Sie könnten damit ein Ziel definieren, wie „10-fache Umsatzsteigerung für das Produkt X in drei Jahren". Mit dieser Zielsetzung haben Sie die vier wichtigen Aspekte der großen Zielsetzung erfüllt:

- SEO für Umsatzsteigerung
- SEO zur Leadgenerierung
- SEO zur Steigerung der Markenbekanntheit
- SEO zur Personalgewinnung

Ihr SEO-Cockpit

Setzen Sie sich Ihre SEO-Ziele und fügen Sie diese in Ihr SEO-Cockpit ein. Schreiben Sie jedoch nicht nur „100 % Umsatzsteigerung" auf, sondern notieren Sie sich die Ziele nach der SMART- oder TEAM-Formel. ◀

Weiterführende Literatur

- Tracy, B. (2010). Thinking Big: Von der Vision zum Erfolg. Frankfurt am Main: Campus.
- Tracy, B. (2018). Ziele: Setzen Verfolgen Erreichen. Frankfurt am Main: Campus.

2.4   Phase 4: Kanalauswahl

In der vierten Phase des SEO-Cockpits definieren Sie Ihre relevanten Kanäle. Sie haben in der zweiten Phase Ihre Personae herausgearbeitet. Sie kennen die Websites und Portale, auf denen sich Ihre Zielgruppe bewegt. Dort sollten Sie präsent sein! Google favorisiert Autoritäten bzw. Marken, und diese werden nicht nur anhand von Backlinks und Nennungen der Marke in Fachmagazin-Beiträgen gemessen, sondern auch der Anzahl von Suchanfragen in Bezug auf Ihr Unternehmen.

Definieren Sie daher im ersten Schritt für Ihre SEO-Strategie die relevanten (Fach-)Magazine und Blogs. Bestenfalls haben diese natürlich auch eine Online-Version und Sie können eine Verlinkung (Backlink) auf Ihre Website erhalten. Aus meiner Sicht sind auch reine Printmagazine und Zeitschriften interessant, da sie Ihren Bekanntheitsgrad steigern. Ein gutes Rechercheinstrument ist die Website https://www.fachzeitungen.de/ – prüfen Sie hier für Ihre Branche relevante Fachmagazine.

Zudem sollten Sie die eigenen Websites für Ihr SEO-Cockpit definieren. Die meisten Unternehmen führen hierbei zunächst die Hauptdomain des Unternehmens auf. Darüber hinaus gibt es jedoch noch weitere Möglichkeiten:

Internationale Top-Level-Domains
Führen Sie aktuell für unterschiedliche Länder eine Top-Level-Domain, wie .de, .co.uk oder .es? Dann sollten Sie diese in das Cockpit eintragen. Doch welche URL-Struktur ist empfehlenswert? Dazu liefert Google selbst eine hilfreiche Tabelle mit Vor- und Nachteilen (Tab. 2.1).

Meiner Erfahrung nach sind Unterverzeichnisse mit generischen Top-Level-Domains (gTLD) aus SEO-Sicht zu favorisieren. Je nach Unternehmen kann dies sicherlich variieren, jedoch sind die Vorteile der generischen Domain meiner Meinung nach generell am größten. Hierbei bündelt sich die Kraft durch externe Verlinkungen und Signale, wodurch letztlich weniger Zeitaufwand notwendig ist. Andernfalls sieht das Linkportfolio für eine .de- und .es-Domain verstreuter aus – es können keine Synergieeffekte erzeugt werden. Neben der .com-Domain existieren weitere von Google anerkannte generische Domains, die nachstehend beispielhaft aufgelistet werden:

- .org
- .edu
- .gov
- .eu
- .asia
- .cc
- .co.
- .io
- .me
- .tv

Satellitenseiten
Eine Satellitenseite ist eine nischenfokussierte Website, die zusätzlich zur Hauptwebsite erstellt wird. Oftmals beinhaltet der Domainname das Keyword, um den Fokus darzustellen. Vor einigen Jahren war der Domainname noch ein relativ

Tab. 2.1 Übersicht der Vor- und Nachteile verschiedener URL-Strukturen. (Quelle: In Anlehnung an Google)

URL-Struktur	Beispiel-URL	Vorteile	Nachteile
Länderspezifische Domain	example.de	Eindeutige geografische Ausrichtung Serverstandort irrelevant Problemlose Unterteilung von Websites	Kostspielig (Verfügbarkeit nicht garantiert) Mehr Infrastruktur erforderlich Strikte ccTLD-Anforderungen (manchmal)
Subdomains mit gTLD	de.example.de	Leichte Einrichtung Kann geografische Ausrichtung in der Search Console verwenden Lässt unterschiedliche Serverstandorte zu Problemlose Unterteilung von Websites	Nutzer können die geografische Ausrichtung u. U. nicht allein anhand der URL erkennen. Steht „de" für die Sprache oder das Land?
Unterverzeichnisse mit gTLD	example.com/de/	Leichte Einrichtung Kann geografische Ausrichtung in der Search Console verwenden Geringer Wartungsaufwand (derselbe Host)	Nutzer können die geografische Ausrichtung u. U. nicht allein anhand der URL erkennen Ein einziger Serverstandort Unterteilung von Websites schwieriger
URL-Parameter	website.com?loc=de	Nicht empfohlen	URL-basierte Unterteilung schwierig Nutzer können die geografische Ausrichtung u. U. nicht allein anhand der URL erkennen Kann geografische Ausrichtung in der Search Console nicht verwenden

wichtiger Bewertungsfaktor von Google, er wurde jedoch immer unwichtiger. Heute spielt er kaum mehr eine Rolle. Aus SEO-Sicht ist eine Satellitenseite meiner Erfahrung nach dann sinnvoll, wenn die Hauptwebsite bereits Top-Positionen in Google erreicht hat und man die Suchergebnisse um eine weitere eigene Website ergänzen möchte. Dadurch wird die Klickwahrscheinlichkeit auf ein eigenes Suchergebnis erheblich gesteigert.

Beispiel: Satellitenseiten

Otto.de hat diese SEO-Strategie in Bezug auf Satellitenseiten sehr gut angewendet, indem die Website schlafwelt.de aufgebaut wurde. Die Internetpräsenz spezialisiert sich auf alle Artikel rund um das Thema Schlafen und schaffte es mitunter für den sehr umkämpften Begriff „Matratze" auf Position eins. Otto.de landet auf Position sechs. ◄

Auch wenn Satellitenseiten und die potenziell zusätzlichen Besucher verlockend klingen, ist der Aufwand für eine oder mehrere Satellitenseiten nicht zu vernachlässigen. Neben der üblichen Website-Erstellung und -Pflege fallen Content-Optimierung und Linkaufbau an. Es ist eine zusätzliche Domain, die Sie vollumfänglich optimieren müssen.

Blog
Neben der üblichen Website oder dem Shop gehören Blogs mittlerweile fast zum Standardrepertoire einer Internetpräsenz. In einem Blog können Unternehmen leicht detaillierte Informationen publizieren, die sonst auf der „normalen" Website keinen Platz haben. Der große Vorteil eines Blogs ist, dass Sie viel Content produzieren können und für die verschiedenen Wortkombinationen, die automatisch bei einem längeren Artikel vorkommen, gefunden werden können. Für die SEO-Strategie kann man fast pauschal sagen, dass der Blog ein wesentlicher Bestandteil sein sollte. Insbesondere für informationsorientierte Suchanfragen, wie zum Beispiel „Wie wird Käse hergestellt?", ist der Blog prädestiniert.

▶   **Wichtig** Achten Sie unbedingt darauf, dass der Blog nicht als Subdomain (blog.domain.com) geführt wird. Die Subdomain wird von Google als neue Domain angesehen, wodurch die positiven Signale, die von einem Blog ausgehen, nicht auf die Hauptdomain transportiert werden. Ein guter Blog zieht üblicherweise viele Backlinks an. Diese Backlinks werden jedoch durch die Subdomain von der Hauptdomain abgekappt. Die Hauptdomain kann also davon nicht profitieren. Deshalb sollten Sie unbedingt den Blog in ein Verzeichnis wie domain.de/blog/ oder /magazin/ legen.

Google My Business
Wenn Ihr Unternehmen besonders lokal auffindbar sein sollte, dann empfehle ich Ihnen, den eigenen Google-My-Business-Eintrag zu optimieren. Der Google-My-Business-Eintrag wird zumeist automatisch von Google erstellt und bei der Suche nach Unternehmen auf der rechten Seite dargestellt (Abb. 2.10).

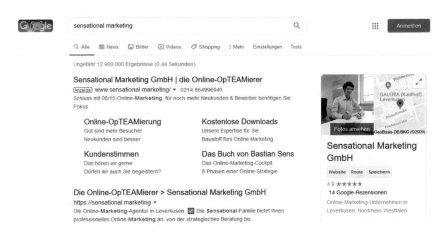

Abb. 2.10 Google-Suche nach dem Begriff „Sensational Marketing" (Google und das Google-Logo sind eingetragene Marken von Google Inc., Verwendung mit Genehmigung). (Quelle: Google.de)

Doch nicht nur bei der Suche nach den Unternehmensnamen selbst, sondern auch bei der Suche nach lokalen Suchbegriffen wird potenziell Ihr Google-My-Business-Eintrag aufgeführt. Hierfür gelten besondere Bewertungsfaktoren, die Sie in Abschn. 3.1 zum Thema Local SEO nachlesen können. Falls also die lokale Auffindbarkeit für Ihr Unternehmen relevant ist, dann sollten Sie in Ihrem SEO-Cockpit den Google-My-Business-Eintrag als Kanal aufführen. Das ist für Sie wichtig, damit Sie und Ihr Team keinen Kanal bei der SEO-Strategie vergessen.

▶ **Welcher Domainname ist der richtige?** Der Domainname ist ein wesentlicher Baustein Ihrer Online-Marketing-Strategie. Sie ist ein entscheidender Faktor beim Aufbau einer Marke. Für die Auswahl des richtigen Domainnamens gebe ich Ihnen daher nachstehend einige Tipps, sodass Sie mit ihr langfristig glücklich und erfolgreich sind.

- **Keyword im Domainnamen:** Dies spielt bei der Auswahl eine untergeordnete Rolle und ist eher ein „nice to have". Früher war es ein wichtiger Bewertungsfaktor von Google, heute ist es nur noch ein kleiner Faktor. Insbesondere wenn Ihre Wettbewerber ähnliche Domainnamen nutzen und nur marginale Unterschiede existieren, sollten Sie von einer Keyworddomain absehen.

- **Einprägsam:** Finden Sie einen Domainnamen, der im Gedächtnis bleibt. Der Aufbau einer Marke ist ein wesentlicher Baustein Ihrer SEO-Strategie! Der Domainname ist bestenfalls bereits Ihr Unternehmensname. Denken Sie unbedingt an Ihre Zielgruppe – wenn Sie international tätig sind, sollten Sie einen englischen Domainnamen wählen. Auch wenn Sie aktuell noch nicht international aktiv sind, aber es sich durchaus für die Zukunft vorstellen können, sollten Sie lieber direkt einen englischen Domainnamen und eine generische Domainendung wie .com nutzen.
- **Bindestriche und Umlaute:** Meiner Ansicht nach sind Domainnamen mit einem Bindestrich akzeptabel. Besser ist jedoch immer ein kurzer Domainname ohne einen Bindestrich. Wenn es nicht anders geht, wählen Sie einen Domainnamen mit maximal einem Bindestrich. Domains mit Umlauten sollten eher nicht als Hauptdomain genutzt, sondern nur zusätzlich registriert und auf die Hauptdomain weitergeleitet werden.

Ihr SEO-Cockpit

Schreiben Sie schließlich in Ihr SEO-Cockpit, welche Kanäle Sie für Ihr SEO einsetzen möchten. Grundlage dafür sind immer Ihre Personae und welche Kanäle diese nutzen. Dort – und nur dort – sollten Sie präsent sein.

Es genügt, wenn Sie in Ihr Cockpit die Namen der Fachmagazine und der eigenen Domains aufnehmen. Falls Sie lokal aktiv sind, schreiben Sie auch bitte Google My Business auf. ◄

2.5   Phase 5: Contenterstellung und E-A-T-Aufbau

In der fünften Phase Ihres SEO-Cockpits bestimmen Sie Ihre Content-Strategie und den Aufbau Ihrer Autorität bzw. Reputation. Diese beiden Bereiche liegen eng beieinander, denn Sie erhalten meist nur Backlinks, wenn Sie verlinkungswürdige Inhalte veröffentlichen. Wir beginnen mit der Basis Ihres Contents – der Informationsarchitektur.

2.5.1   Informationsarchitektur entwickeln

Ihre Website sollte intuitiv bedienbar und damit sollten alle Inhalte in maximal drei Klicks von der Startseite aus erreichbar sein. Das sind grundlegende Ziele

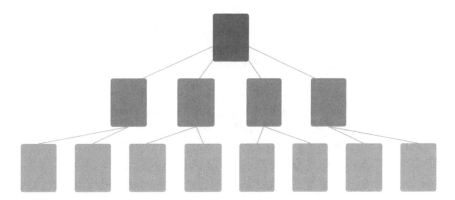

Abb. 2.11 Flache Websitestruktur. (Quelle: artaxo GmbH)

der Informationsarchitektur. Damit wird gleichzeitig auch sichergestellt, dass Suchmaschinen alle Unterseiten indexieren können. Die Darstellung in Abb. 2.11 zeigt eine Struktur mit einer sehr flachen Hierarchie, wobei die tiefsten Seiten mit maximal zwei Klicks erreichbar sind. Abb. 2.12 zeigt dies für einen Online-Shop für Kleidung beispielhaft (und stark vereinfacht).

Sehr einfach können Sie diese Struktur für Ihre Website mit PowerPoint oder auch einer Mindmap-Software wie mindmeister.com erstellen. Insbesondere mit einer Mindmap-Software können Sie so sehr gut ein Brainstorming durchführen und sich einen Überblick über die Unterseiten verschaffen. Für umfangreiche Online-Shops mit sehr vielen (Unter-)Kategorien sollte zumindest eine beispielhafte Darstellung für zwei oder drei Kategorien bis hin zum finalen Produkt erstellt werden.

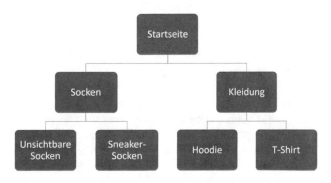

Abb. 2.12 Beispiel für eine flache Websitestruktur

Neben der Umsetzung einer flachen Website-Struktur dient die Informationsarchitektur auch in einem weiteren Aspekt der SEO – dem Aufbau eines Expertenstatus für bestimmte Themengebiete. Google ist in seinen Quality Rater Guidelines explizit immer wieder Expertise, Authority und Trustworthy (kurz E-A-T) eingegangen. Damit meint Google, dass Websites bzw. die Betreiber Fachkenntnis und Kompetenz aufweisen respektive zuverlässig sind. Google bekräftigt zwar, dass E-A-T kein Bewertungskriterium darstellt, doch zeigt der Google-Leitfaden ganz klar, was der Suchmaschine wichtig ist.

Was bedeutet das nun für die Informationsarchitektur? Definieren Sie für Ihr Unternehmen wesentliche Hauptthemen. Das können Dienstleistungen, Produktkategorien u. v. m. sein. In Phase eins des SEO-Cockpits haben Sie Ihre Nischenpositionierung gefunden. Darauf aufbauend können Sie Unterthemen festlegen. Für meine Agentur sind dies SEO-Strategie und Online-Marketing-Strategie. Für ein Autohaus beispielsweise die Marken Opel, Dacia und Renault. Für den Online-Shop naehszene.de sind es Nähmaschinen, Stickmaschinen, Stoffe und Nähkurse. Sie können es auch kleinteiliger machen – Sie sollten jedoch pro Themengebiet mindestens 25 bis 35 Artikel, zum Beispiel Blogartikel, schreiben können. Denn erst durch diese Artikel können Sie sich in „Googles Augen" zum Experten machen. Zum Thema Online-Marketing-Strategie könnte ich folgende Artikel schreiben:

- Redaktionsplan erstellen
- Online-Marketing-Strategie Beispiele
- EKS-Strategie entwickeln
- Tools zur Content-Planung
- Customer Journey mithilfe des AIDAL-Content-Modells entwickeln
- Social-Media-Strategie entwickeln
- Social-Selling-Strategien in der Übersicht
- Wirtschaftlichkeitsberechnung für das Online-Marketing
- Weiterbildung zum Thema Online-Marketing-Strategie

Eine beispielhafte Mindmap für sensational.marketing finden Sie in der Abb. 2.13. Darin habe ich die Hauptthemen SEO-Strategie und Online-Marketing-Strategie auf der linken Seite aufgeführt. Operative Leistungen zu SEO und SEA sind ebenfalls dazugehörige Unterthemen, die jedoch einen separaten „Ast" erhalten. Auf der rechten Seite finden Sie den Blog mit ersten Ideen für Themen, die die Autorität für die Hauptthemen SEO-Strategie und Online-Marketing-Strategie aufbauen sollen. Unter dem „Ast" Blog befinden sich weitere Unterseiten wie Downloads und Publikationen.

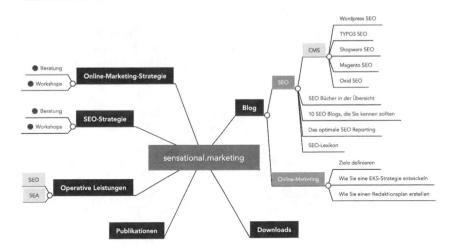

Abb. 2.13 Mindmap mit einem Strukturbaum von sensational.marketing. (Quelle: MeisterLabs GmbH)

Hinweis zur Content-Produktion

Achten Sie bei der Erstellung dieser Artikel darauf, dass Sie die Inhalte vollumfänglich und mit viel Mühe erstellen. Nur dann können Sie mit Ihrem Unternehmen zu dem Oberthema als Experte positioniert werden. Selbstverständlich werden Sie zeitgleich auch für die einzelnen Themen, wie „Redaktionsplan erstellen" immer besser positioniert. Wichtig: Ihr Artikel sollte sich erheblich von den aktuellen Top-10-Seiten für die Keywords differenzieren. Einfach noch einen Artikel zum Thema „Redaktionsplan erstellen" zu schreiben, ist nicht empfehlenswert. Warum sollte Google meinen Artikel besser positionieren als die Artikel meiner Mitbewerber? Potenziell könnte ich einen neuen Ansatz oder eine neue Sichtweise einbringen und mehr auf die emotionalen Ängste, Wünsche und Probleme eingehen. Dann steigt die Wahrscheinlichkeit, dass mein Artikel besser positioniert wird.

▶   **Wichtig** Erweitern Sie die Anzahl der Artikel stetig. Zeigen Sie Google laufend Ihre Expertise. Aktualisieren Sie auch des Öfteren die Inhalte, verfeinern oder erweitern Sie diese. Berücksichtigen Sie neue Fragestellungen, die Sie in Google beim Eintippen des Themas erhalten.

Der Status quo Ihrer Inhalte

Welche Inhalte befinden sich aktuell auf Ihrer Website? Das ist insbesondere für historisch gewachsene Websites interessant. Damit Sie sich einen Überblick verschaffen können, haben Sie zwei Möglichkeiten, um den Status quo zu erheben:

1. Suchen Sie in Google nach „site:domain.com" und geben Sie dabei anstatt „domain.com" Ihre Domain ohne https und www an. Sie erhalten anschließend alle von Google indexierten Unterseiten bzw. Dokumente aufgeführt.
2. Alternativ können Sie das Tool Screaming Frog SEO Spider (https://www. screamingfrog.co.uk/seo-spider/) nutzen. Für bis zu 500 URLs ist die Software kostenlos, für größere Websites kostet sie umgerechnet ca. 175 EUR pro Jahr. Doch es lohnt sich. Das Tool ist in SEO-Kreisen sehr beliebt, da es viele hilfreiche Funktionen zur Analyse anbietet. Testen Sie es doch einmal kostenlos aus und laden sich die Software herunter. Nach der Installation geben Sie bitte im Tool oben neben dem Logo Ihre vollständige URL der Startseite – jedoch ohne index.php – an (siehe Abb. 2.14). Klicken Sie nun auf „Start". Nachdem das Tool Ihre Website hinsichtlich der Inhalte durchsucht bzw. gecrawlt hat, listet es sämtliche URLs und deren Informationen auf. Klicken Sie daraufhin auf der rechten Seite auf „HTML" unter „SEO-Elements – Internal". Sie erhalten jetzt auf der linken Seite sämtliche HTML-Dokumente aufgeführt. Diese können Sie auch unter „Export" direkt über den URLs herunterladen und in Excel weiterverarbeiten.

2.5.2   Keywordrecherche durchführen

Nachdem Sie die Informationsarchitektur für Ihre Website konstruiert haben, steht die Inhaltserstellung an. Und diese beginnen Sie mit der Keywordrecherche – Sie gehen sonst anders vor? Versuchen Sie einmal diese Reihenfolge, denn sie ist ein erfolgsentscheidender Teil der Suchmaschinenoptimierung. Erst, wenn Sie herausgefunden haben, was Ihre Zielgruppe in Google eingibt, können Sie diese auch erreichen. Dazu gebe ich Ihnen gerne ein Beispiel: Im Jahr 2013 erstellte ich eine weitere Keywordrecherche für meine Agentur Sensational Marketing. Dabei fand ich heraus, dass die Zielgruppe nach ihrem Content-Management-System und SEO sucht, also zum Beispiel „Joomla SEO". Dazu erstellte ich einen Blogartikel mit sieben Tipps (vgl. Sens 2013), welcher in kürzester Zeit auf der ersten Seite in Google positioniert war. Dass es so schnell ging, hatte einen Grund: Zum

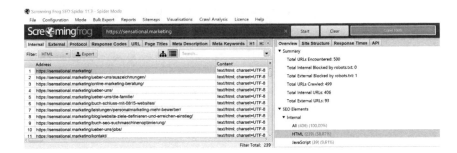

Abb. 2.14 HTML-Dokumente von sensational.marketing in Screaming Frog. (Quelle: Screaming Frog Ltd.)

einen habe ich natürlich die SEO-Hausaufgaben – also den Artikel entsprechend dem Keyword „Joomla SEO" zu optimieren – gemacht, und zum anderen stellte sich heraus, dass die Konkurrenz dieses Keyword nicht auf dem Radar hatte. Die Wettbewerber hatten nicht einen Artikel dazu geschrieben. So wanderte der Eintrag also stetig weiter nach oben in Google und wir generierten die ersten Besucher für unsere Website. Nach wenigen Wochen kam auch schon der erste Anruf: „Herr Sens, Sie sind doch Experte für das Thema Joomla SEO, und wir suchen eine SEO-Agentur für unsere Website." Der Interessent wurde zu einem Kunden und letztlich zum Stammkunden – wir optimieren heute immer noch sehr erfolgreich seine Website.

Dieses Beispiel soll Ihnen aufzeigen, welches Potenzial in der Keywordrecherche steckt: Wenn Sie die Keywords finden, die Ihre Zielgruppe in Google eingibt und die im besten Fall von Ihren Wettbewerbern sogar außer Acht gelassen werden, haben Sie ein hochprofitables Online-Marketing-Instrument gefunden.

2.5.2.1 Keywords entlang der Customer Journey definieren

Der US-amerikanische Werbestratege Elmo Lewis (1872–1948) entwickelte das weltberühmte AIDA-Modell, um die vier Stadien zu beschreiben, die ein Konsument durchläuft, wenn er etwas kauft. AIDA steht dabei für Attention – Interest – Desire – Action. Sicherlich weiß man mittlerweile, dass die Phasen nicht so klar voneinander abzugrenzen sind, da sie sich häufig überschneiden. Für Ihre Keywordrecherche sind die Phasen jedoch essenziell, da sie Ihnen einen Rahmen geben, an den Sie sich halten können.

Im AIDA-Modell unterscheidet man zwischen verschiedenen Phasen. In welcher Phase der Kunde einsteigt, hängt von seinem Wissensstand ab.

Um den potenziellen Kunden besser einordnen und einschätzen zu können, bietet es sich an, sich in die Zielgruppe hineinzuversetzen. Sehen wir uns die einzelnen Phasen am Beispiel des Online-Shops „Nähszene" (www.naehszene.de), eines Händlers von Nähmaschinen, Zubehör und Nähstoffen, einmal genauer an.

- **A** – Als Anfänger informiert sich der potenzielle Kunde allgemein und benutzt eher generische Keywords oder Fragestellungen. Diese werden als informationsorientierte Keywords bezeichnet. In Bezug auf unser Beispiel wären das Suchanfragen wie „Nähmaschine", „Nähmaschine Anfänger" oder gar „Stoffe".
- In diesem Fall steigt der potenzielle Kunde tatsächlich in der ersten Phase des AIDA-Modells ein, bei Attention – Aufmerksamkeit.
- Für den Anbieter ist es hierbei förderlich, wenn er seine Zielseite im Web in dieser Phase auf die jeweiligen generischen Keywords optimiert.
- **I** – Konkretere Recherchen stellt die Zielgruppe dann an, wenn sie bereits informiert ist. Somit wäre der Einstieg in diesem Fall bei Interest – Interesse, bereits in der zweiten Phase.
- Ein potenzieller Nähszene-Kunde würde in dieser Phase nach detaillierteren Informationen zum Anbieter und dessen Angebot suchen, und formuliert daraufhin speziellere Suchanfragen:
- Beispielsweise würde er „Bernina Nähmaschine/Bernina 380 Nähmaschine" als Suchbegriff eingeben, denn er ist bereits auf der Suche nach bestimmten Eigenschaften und Alleinstellungsmerkmalen.
- Doch für den Anbieter ist hier Vorsicht geboten, in diesem Fall gilt „weniger ist mehr". Er muss darauf achten, dass er nicht zu viele Infos an den potenziellen Kunden weitergibt, denn das Interesse soll in dieser Phase des AIDA-Modells erst richtig geweckt werden.
- **D** – Wer bei Desire – Verlangen einsteigt, ist meist ein Profi und besitzt bereits tiefgehendes Branchenwissen und/oder Produktwissen. In dieser Phase des AIDA-Modells sucht der potenzielle Kunde nach spezifischeren Informationen zu einem Produkt (wie Gritzner 788) oder auch über den Anbieter. Er ruft beispielsweise die Social-Media-Seiten des Anbieters auf oder tritt in Kommunikation via E-Mail, um an weitere Informationen zu gelangen. In dieser Phase entsteht für ihn das emotionale Verlangen nach dem Produkt oder der Dienstleistung. Ebenfalls können in dieser Phase navigationsorientierte Suchanfragen wie „Nähszene Erfahrung" entstehen.
- **A** – Hat der Anbieter mit seinen Angeboten überzeugen können, so tritt die Zielgruppe jetzt in den vierten Schritt des AIDA-Modells ein: Action – Aktion. Der potenzielle Kunde sucht nach speziellen transaktionsorientierten Keywords, wie „Gritzner 788 kaufen".

Meiner Ansicht nach fehlte in diesem Modell die Phase nach dem Kauf. Daher habe ich ein „L" (für Loyalty) ergänzt, sodass es nun das AIDAL-Modell heißt. Machen Sie Ihren Kunden also loyal, binden Sie ihn an Ihr Unternehmen. Nähmaschinenbesitzer könnten potenziell nach „Wartungstipps Gritzner 788" suchen. Auch wenn Sie vielleicht nicht direkt dadurch etwas verkaufen können, steigern Sie durch zusätzliche Besucher den Bekanntheitsgrad Ihres Unternehmens. Bei der nächsten Kaufentscheidung einer Nähmaschine kann der erhöhte Bekanntheitsgrad Vorteile bringen.

Diese Phasen des AIDAL-Modells sollten Sie in Ihrer Keywordrecherche berücksichtigen. Um an die profitabelsten Keywords heranzukommen, können Sie folgende Informationsquellen nutzen:

- Brainstorming
- Wettbewerbsanalysen
- Keyword-Shuffler
- Google Suchvorschläge
- Google Ads Keyword-Planer

2.5.2.2 Brainstorming

Anfangs sollten Sie und Ihre Mitarbeiter (oder falls nicht vorhanden alternativ Ihre Freunde) überlegen, wonach Ihre Zielgruppe suchen könnte. Erstellen Sie ein Excel-Dokument und notieren Sie alle Begriffe, die Ihnen einfallen. Überlegen Sie nicht lange, ob ein Begriff sinnvoll ist oder nicht – schreiben Sie ihn in die Liste. Beschränken Sie sich hierbei auch nicht auf eine Mindest- oder Maximalanzahl und nehmen Sie auch Wortkombinationen wie „Joomla SEO" auf.

Berücksichtigen Sie ebenfalls die oberste Ebene der Informationsarchitektur: Für sämtliche Hauptthemen sollten Sie das Brainstorming beginnen.

Nutzen Sie die Excel-Vorlage für Ihre Keywordrecherche: https://bastiansens. de/outvorlagekw. Sie gibt Ihnen bereits einen Leitfaden für Ihre Analysen.

2.5.2.3 Keyword-Shuffler

Das Kombinieren von verschiedenen Variationen mit einem Stamm heißt Keyword-Shuffling (Erlhofer 2018). Wenn Ihr Unternehmen ein in mehreren Städten aktiver Schlüsseldienst ist, könnten Sie folgende Variationen prüfen lassen:

- Schlüsseldienst Köln
- Schlüsseldienst Bergheim
- Schlüsseldienst Leverkusen
- Usw.

Falls Sie einen Online-Shop betreiben, sind Variationen mit dem Produkt- oder Kategorienamen vielleicht interessant. Diese können erweitert werden mit transaktionsorientierten Suchbegriffen wie kaufen, bestellen, günstig, online, shop, mieten etc.

Damit Sie diese Wortkombinationen nicht manuell abtippen müssen, nutzen Sie einfach ein Keyword-Shuffling-Tool wie https://www.toptal.com/marketing/mergewords. Setzen Sie dort in dem jeweiligen Feld ein Element der Wortkombination ein und klicken Sie schließlich auf „merge".

2.5.2.4 Wettbewerbsanalysen

In den letzten Jahren hat sich meine persönliche Einstellung auf dem Gebiet der Wettbewerbsanalyse stark gewandelt. Ich schaue nicht mehr auf die Wettbewerber, sondern lenke meinen Fokus voll auf das erklärte Ziel. Das gilt zumindest für die Unternehmensausrichtung. Für die Suchmaschinenoptimierung könnte man das Gleiche meinen, doch ist es hierbei hilfreich, die Konkurrenz zu beleuchten und zu schauen, auf welche Keywords diese optimieren. Der Grund ist einfach: Sie müssen bestmöglich sämtliche Suchbegriffe Ihrer Zielgruppe kennen. Also selbst wenn Ihre Konkurrenz auf ein Keyword optimiert (und Sie noch nicht), kann es durchaus sinnvoll sein, ebenfalls darauf zu optimieren. Der Anspruch muss natürlich sein, mittel- bis langfristig auf Position eins zu stehen! Selbst wenn im Augenblick Wikipedia (noch) ganz oben steht.

Die Analyse

Für die Wettbewerbsanalyse im Bereich Suchmaschinenoptimierung sollten Sie auf eine umfangreiche Datenbasis zurückgreifen. Dabei werden Ihnen kostenlose Tools nicht weiterhelfen. Daher empfehle ich Ihnen folgende Tools:

- Sistrix.de
- Searchmetrics.com
- Xovi.de

Die Tools können Sie auf monatlicher Basis ab 99 EUR kaufen und sie sind in kürzester Zeit einsetzbar. Testversionen sind bei jedem Tool möglich, probieren Sie sie aus. In meiner Agentur nutzen wir Sistrix. Die Datenbank des Bonner Unternehmens beinhaltet über 17,5 Mio. Keywords, für welche es wöchentlich die Top-100-Suchergebnisse jeweils in Google.de und zwölf Ländern abfragt. Diese Ergebnisse verknüpft Sistrix später mit den Domains, für die diese in Google gefunden wurden. Die Website https://sensational.marketing wird, Stand

Keyword	Positi...	URL
typo3 seo	1	☑ 🔒 sensational.marketing/blog/typo3-seo-...
typo3 seo optimierung	1	☑ 🔒 sensational.marketing/blog/typo3-seo-...
typo3 seo tipps	1	☑ 🔒 sensational.marketing/blog/typo3-seo-...
typo3 seo blog	1	☑ 🔒 sensational.marketing/blog/typo3-seo-...

Abb. 2.15 Gefundene Keywords von sensational.marketing in Sistrix. (Quelle: Sistrix GmbH)

21.01.2020, für 1920 Keywords in Google.de gefunden. Diese lassen sich in Sistrix auch einzeln prüfen.

In Abb. 2.15 erkennen Sie beispielhaft, wie die Keywords in Sistrix für eine Domain aufgeführt werden. Diese Liste von 1920 Keywords lässt sich als Excel-Liste herunterladen: Gehen Sie dafür in Sistrix auf „Keywords" in der linken Navigationsleiste und anschließend rechts oben auf „Download". Der Download beginnt. Fügen Sie die heruntergeladene Datei als neues Register-blatt in Ihre bestehende Excel-Liste ein, um später nur eine Datei für Ihre Keywordrecherche zu erhalten.

Führen Sie diesen Prozess für mindestens vier weitere Wettbewerber durch. Es muss auch nicht unbedingt ein direkter Konkurrent sein, sondern es können auch durchaus Portale wie Amazon oder Wikipedia sein.

Mittlerweile sollten Sie mindestens sieben Registerblätter in Ihrer Excel-Datei haben. Nun gehen wir in Richtung der Google-Tools.

2.5.2.5 Google Suchvorschläge

Sicherlich kennen Sie die Suchvorschläge in Google, die Ihnen hilfreiche Ideen für eine Verfeinerung Ihrer Recherche geben. Diese Vorschläge sind zugleich Ideen für Ihre Keywordrecherche, denn die Wahrscheinlichkeit, dass die Suchenden diese Suchvorschläge auswählen, ist recht hoch. Müssten Sie jetzt Ihre Keywords nach und nach eintippen, könnte das sehr zeitaufwändig sein. Deshalb empfehle ich Ihnen das zum Teil kostenlose Tool Hypersuggest (https://www.hypersuggest.com/de/). Sobald Sie dort ein allgemeines Keyword, wie in Abb. 2.16 gezeigt, und Ihre gewünschte Land- bzw. Spracheinstellung eingeben, erhalten Sie automatisch alle Suchvorschläge, die das Keyword beinhalten. Wählen Sie alle Suchvorschläge aus und klicken Sie auf „Download". Das können Sie für alle weiteren allgemeinen Begriffe wiederholen.

Die heruntergeladenen Keywords können Sie nun in Ihre Keywordrecherche-Excel-Datei integrieren.

Abb. 2.16 Suchvorschläge auf Google.de (Google und das Google-Logo sind eingetragene Marken von Google Inc., Verwendung mit Genehmigung). (Quelle: Google.de)

2.5.2.6 Google Ads Keyword-Planer

Mittlerweile haben Sie schon eine recht umfangreiche Excel-Datei mit vielen Wortkombinationen, die Sie jetzt hinsichtlich deren Suchvolumen prüfen sollten. Konkret: Wie oft werden die Suchbegriffe jeweils in Google monatlich eingegeben? Das ist für Sie von großer Wichtigkeit, denn Sie wollen im Kern die Keywords finden, die Ihnen letztlich viele Besucher und somit potenzielle Kunden einbringen. Der Google Ads Keyword-Planer ist, wie der Name schon sagt, ein Tool von Google Ads. Es soll Sie bei der Budgetplanung Ihrer Ads-Kampagne unterstützen. Doch für die Suchmaschinenoptimierung ist es genauso hilfreich, und das hat Google mittlerweile auch erkannt. Viele Suchmaschinenoptimierer haben dieses Tool geschätzt, da es sehr hilfreiche Daten geliefert hat – auch wenn man selbst kein Ads betrieben hat. Da Ads jedoch für Google das Kerngeschäft darstellt, hat das Unternehmen aus dem Silicon Valley kurzerhand entschieden, den Keyword-Planer nur noch für Ads-Werbetreibende zu öffnen. Und nicht nur das: Wenn Sie „nur" bis ca. 1000 EUR Werbebudget bei Google monatlich ausgeben, erhalten Sie lediglich ungefähre Daten, zum Beispiel ein Suchvolumen „100 bis 1 Tsd.". Wenn Sie jedoch ein höheres Ads-Budget bereitstellen, erhalten Sie im Keyword-Planer das konkrete Suchvolumen im Durchschnitt der letzten zwölf Monate.

Nutzung des Keyword-Planers

- Öffnen Sie im Browser die URL https://ads.google.com/intl/de_de/ home/tools/keyword-planner/.

- Klicken Sie auf „Anmelden" und melden Sie sich mit Ihren Google Zugangsdaten an.
- Falls Sie noch kein Google-Ads-Konto besitzen, erstellen Sie bitte eines.
- Klicken Sie auf den Reiter „Suchvolumen und Prognosen abrufen", und geben Sie die Keywords aus Ihrem Excel-Dokument ein.
- Stellen Sie das Zielland und die Sprache ein, dies ist etwa bei deutschen Keywords wichtig, die auch international genutzt werden, zum Beispiel „Hotel Berlin".
- Klicken Sie auf „Ideen abrufen".

Sie sehen anschließend, wie viele monatliche Suchanfragen im Durchschnitt der letzten zwölf Monate für Ihre Keywords bei Google eingehen. Die Spalten „Wettbewerb" und „vorgeschlagenes Gebot" beziehen sich auf AdWords. Für Ihre Suchmaschinenoptimierung geben die Daten dennoch einen ersten Hinweis, wie stark das Keyword von Ihren Wettbewerbern genutzt wird. Unter Ihren eingegebenen Keywords erhalten Sie vom Keyword-Planer weitere Vorschläge, die für Sie relevant sein können.

Alternativen zum Keyword-Planer sind die kostenpflichtigen Tools Hypersuggest.com und Keywordtool.io. Diese Tools können auf einer monatlichen Basis abonniert werden. Sie geben Ihnen in einer wesentlich besseren Usability die konkreten monatlichen Suchanfragen aus.

Keyword-Eigenschaften

Wie gehen Sie mit den verschiedenen Schreibweisen eines Keywords am besten um? Macht es einen Unterschied, den Singular anstatt des Plurals zu nehmen? Die Antwort ist meist recht simpel: Suchen Sie nach dem Begriff in Google und Sie können anhand der ersten Suchergebnisse erkennen, wie die Zielgruppe die Wörter schreibt. Eins sollte jedoch immer gegeben sein: die orthografisch richtige Schreibweise. Denn es bringt Ihnen nichts, wenn der Surfer auf Ihren Eintrag klickt und von der falschen Schreibweise abgeschreckt wird.

Aufgrund der Keywordrecherche sollten Sie herausfinden, ob mehr nach dem Singular oder dem Plural gesucht wird. Auch wenn Google Texte und Zusammenhänge immer besser versteht, macht es bis heute noch einen Unterschied, ob Sie den Singular oder den Plural verwenden. Entscheiden Sie sich auf Basis des größeren Suchvolumens für eine Schreibweise und fokussieren Sie sich darauf.

Internationale Keywordrecherche
Jeder Markt bringt seine Eigenheiten mit. So suchen beispielsweise Spanier nach „coche" und Argentinier nach „carro", um ein Auto zu finden. Wenn Sie also die Inhalte einfach nur übersetzen und vorher keine Keywordrecherche durchführen, werden Sie keine SEO-Erfolge verzeichnen. Ich rate Ihnen daher, eine ausgiebige Recherche für jeden Zielmarkt durchzuführen.

2.5.2.7 Die Keywordauswahl

Aufgrund Ihrer detaillierten Keywordrecherche haben Sie eine umfangreiche Excel-Datei mit vielen möglichen Keywords für Ihre Suchmaschinenoptimierung. Der nächste Schritt ist jetzt, die richtigen Keywords auszuwählen. Dabei gilt es, zum einen realistische und zum anderen lukrative Keywords auszuwählen. Das Unternehmen hygro care® (ein Hersteller von Stadtmobiliar)mit der Website www.hygrocare.com könnte auf die Idee kommen, auf das Keyword „Bank" zu optimieren, da er für Städte und Kommunen Parkbänke anbietet. Doch das wäre sicherlich nicht zielführend – aus zwei Gründen:

1. Die Suchenden erwarten bei der Suche nach dem Wort „Bank" vermutlich ganz andere Suchergebnisse als einen Hersteller von Stadtmobiliar.
2. Über zwei Milliarden Wettbewerber (das ist die Anzahl der Suchergebnisse bzgl. des Suchworts „Bank") müssen in Google überholt werden. Zusätzlich sind starke Websites, wie Wikipedia, unter den ersten Suchergebnissen vertreten.

Mitbewerberstärke bei der Auswahl berücksichtigen Die Traumvorstellung ist, dass wir ganz genau wissen, welche Keywords wir zuerst angehen sollten, um Top-Positionen zu erreichen. Welche sind also einfacher zu optimieren als andere? Lassen Sie sich von den Tools Sistrix, Xovi, Google Keyword Planer & Co. nicht verwirren! Sie weisen den Wettbewerbsfaktor für jedes Keyword auf, doch beziehen sie sich auf den Wettbewerb in Google Ads. Sie zeigen auf, wie viele Werbetreibende auf ein Keyword buchen. Die Anzahl bestimmt den Wettbewerbsgrad und wird oft missverstanden. Sicherlich könnte man meinen, dass wenn mehr Unternehmen auf ein Keyword buchen, diese auch das Keyword für den SEO-Bereich verwenden. Doch letztlich sagt die Kennzahl immer noch nicht aus, wie stark der Wettbewerb ist.

Meiner Ansicht nach wird die Bestimmung der Wettbewerbsstärke immer schwieriger. Es gilt mehr und mehr, eine Autorität zu sein. Eine Autorität erhält nicht nur Backlinks aus der Branche, sondern die Anzahl der Suchanfragen nach dem Unternehmen ist im Vergleich zum Wettbewerb ebenfalls hoch. Hinzu kommen noch weitere Metriken. Es wird also immer schwieriger, die Wettbewerber in den Top 10 zu analysieren.

Auf dem Markt der SEO-Tools existieren weitere Anbieter wie ahrefs und MOZ, die die Wettbewerbsstärke anhand diverser SEO-Kriterien bestimmen. Diese Kennzahl ist wesentlich besser als die von Sistrix & Co.! Sicherlich können Sie diese Tools nutzen, doch Sie merken bereits, dass die Anzahl der Tools weiter zunimmt und damit auch der Zeit- und Kostenaufwand. Für eine SEO-Agentur ist es lohnenswert, da es die tägliche Arbeit unterstützt. Doch für ein kleines oder mittelständisches Unternehmen sehe ich den Aufwand als zu groß an. Es genügt, wenn Sie kurzfristig auf Nischenkeywords bzw. Longtail-Keywords optimieren. Diese beinhalten mindestens zwei bis drei Wörter, wobei die Suchintention glasklar ist. Mittel- und langfristig können Sie auch auf generische Keywords optimieren.

Die Anzahl der auszuwählenden Keywords orientiert sich im Kern an Ihren zeitlichen und personellen Ressourcen. Rein theoretisch können es durchaus hunderte Keywords sein – in manchen Branchen vielleicht nur 20. Wichtig für Ihren Start ist lediglich die Keyword-Priorisierung.

Aufteilung der Keywords auf Unterseiten
In Abschn. 2.5.1 haben Sie die Informationsarchitektur für Ihre Website mit der Definition Ihrer Kernthemen begonnen. Auf Basis der Keywordrecherche können Sie nun die Mindmap mit den Unterseiten erweitern. Bei größeren Websites sind der Aufbau und die Pflege einer Excel-Liste eher empfehlenswert. Fassen Sie in der Excel-Datei unter dem Registerblatt „Keyword-Aufteilung-Unterseiten" Ihre Keywords zusammen. Teilen Sie die Keywords also in Themenbereiche auf und splitten Sie sie in maximal drei Keywords auf. Ein Themenbereich sollte eine Unterseite sein. Das Keyword mit dem größten Suchvolumen stellt Ihr Hauptkeyword dar, auf welches Sie primär optimieren. Alle weiteren Details zur inhaltlichen Optimierung finden Sie in Abschn. 2.5.4.

▶   **Zusatztipp: Keywordauswahl für die Startseite** Die Startseite ist aus SEO-Sicht die stärkste Seite Ihrer Website, da sie oftmals die meisten Backlinks erhält. Demnach ist die Optimierung der Startseite auf ein Keyword sehr verlockend. Doch die Herausforderung ist, dass die Startseite als Schaufenster für Ihre gesamte Website dient. Sie gibt eine Übersicht der Themen auf Ihrer Internetpräsenz.

Welches Keyword passt dann auf die Startseite? Meistens ist es ein recht generisches Keyword. Beispielsweise haben wir für

naehszene.de das Keyword „Nähshop online" ausgewählt. Als
übergreifendes Keyword passte dies sehr gut. Bei manchen Websites passt jedoch thematisch einfach kein Keyword auf die Startseite oder man möchte keinen Text auf der Seite platzieren. Dann
wird kein Keyword für die Homepage definiert, was auch vollkommen in Ordnung ist.

2.5.2.8 Google Ads-Werbung

Bis Sie für umkämpfte Keywords in Google gefunden werden, können viele
Monate, manchmal sogar Jahre vergehen. Der Grund liegt im Bewertungs-
algorithmus von Google, der so gut gesichert ist wie Fort Knox. Auch wenn
Google diverse Hinweise für die Suchmaschinenoptimierung publiziert (vgl.
Google 2011), sind diese doch immer recht vage gehalten. Erst Studien,
Erfahrung und eigene Tests sorgen für das Wissen, wie Webseiten auch für
umkämpfte Keywords auf Top-Positionen befördert werden können. Doch trotzdem tappen selbst wir professionellen Suchmaschinenoptimierer manchmal im
Dunkeln, welche Kriterien die Suchmaschine tatsächlich wie gewichtet. Deshalb
hat Google auch stets eine Verzögerung der Wirksamkeit der Optimierungen eingebaut. Wenn Sie also eine neue Verlinkung von Wikipedia oder anderen großen
Websites erhalten, kann es durchaus mehrere Wochen oder sogar Monate dauern,
bis der Link Wirkung zeigt. Aufgrund dessen dauert Suchmaschinenoptimierung
oftmals recht lange und ist eher ein mittel- bis langfristig angelegter Prozess. Das
bedeutet für Sie ebenfalls, dass der wirtschaftliche Effekt der Suchmaschinenoptimierung erst nach mehreren Monaten erkennbar ist.

Stellen Sie sich vor: Sie optimieren und optimieren auf ein Keyword,
bis Sie auf Position eins stehen, und merken erst dann, dass die generierten
Website-Besucher eine ganz andere Suchintention hatten. Die Suchmaschinenoptimierung ist also nicht profitabel gewesen. Deshalb empfehle Ihnen, zunächst
Ads-Werbung auf die ausgesuchten Keywords zu schalten und anschließend zu
prüfen, ob die Besucher

- auf Ihrer Website verweilen,
- das Kontaktformular ausfüllen,
- bei Ihnen bestellen,
- bei Ihnen anrufen.

Alle diese Informationen erhalten Sie mithilfe von Google Ads in Verbindung mit
dem kostenlosen Tracking-Tool Google Analytics (nähere Informationen dazu
finden Sie im Abschn. 2.8.2).

Darüber hinaus finden Sie mithilfe von Google Ads heraus, ob tatsächlich nach den Keywords gesucht wird. Der Keyword-Planer gab Ihnen eine Prognose, Google Ads liefert Ihnen Live-Daten. Voraussetzung dafür ist natürlich, dass Sie genügend Tagesbudget in Ads hinterlegt haben, sodass die Keywords auch geschaltet werden. Ansonsten können Sie keine Impressionen generieren, d. h., Ihre Anzeige wird zu den Keywords nicht geschaltet. Lassen Sie die Ads-Kampagne am besten mindestens einen Monat laufen, um valide Daten zu erhalten. Sollten Sie ein Saisongeschäft betreiben, sollte dieser Monat natürlich in der Hauptsaison liegen.

▶   **Zusatztipp: Videokurs Google AdWords** Für einen optimalen Start mit Google Ads finden Sie unter https://bastiansens.de/outadwordskurs einen Videokurs von mir mit einer Schritt-für-Schritt-Anleitung.

2.5.3   SEO-Redaktionsplan erstellen

Sie haben eine Excel-Datei erstellt, die Ihnen einen Überblick über Ihre SEO-Themen gibt. Sie wissen, zu welchen Themen Sie Inhalte erstellen müssen. Damit die Content-Erstellung jedoch nicht im Chaos versinkt, empfehle ich Ihnen, einen Redaktionsplan zu erstellen. Dieser Redaktionsplan kann ebenfalls die zukünftigen Blogartikel beinhalten.

Ein SEO-Redaktionsplan beinhaltet beispielsweise folgende Spalten (in Anlehnung an Löffler 2019):

- Thema
- Keywords
- URL (auf der der Content publiziert werden soll)
- Zielpersonen
- Content-Art
- Content-Format
- Content-Verantwortlicher
- Umsetzungsverantwortlicher
- Deadline für die Erstellung
- Status

Dieser Redaktionsplan dient Ihnen und Ihrem Team als Planungstool. Sie können damit den Überblick behalten und die Inhalte termingerecht erstellen.

	A	B	C	D	E	F	G	H	I
1	Thema	Keywords	URL	Zielpersonen	Content-Art	Content-Format	Content-Verantwortlicher	Deadline Erstellung	Status
2	EKS-Strategie entwickeln	EKS-Strategie EKS-Strategie Beispiele	/online-marketing-strategie/ eks-strategie-entwickeln/	Peter	Redaktioneller Beitrag	Text, Bild	V. Rohrbach	01.08.2020	in Arbeit
3	Online-Marketing-Ziele definieren	Online-Marketing-Ziele definieren	/online-marketing-strategie/ ziele-definieren/	Peter	Redaktioneller Beitrag	Text, Bild	V. Rohrbach	01.08.2020	in Arbeit
4	SEO-Beratung	SEO-Beratung SEO-Consulting Local-SEO-Beratung	/seo-strategie/beratung/	Ellen	Landingpage	Text, Bild	Agentur	01.07.2020	erledigt
5	SEO-Studie 2020	SEO-Studie	/seo-strategie/studie-2020/	Dirk, Peter	Whitepaper	PDF	V. Rohrbach	01.10.2020	offen

Abb. 2.17 Beispiel für einen SEO-Redaktionsplan

Der Redaktionsplan in der Abb. 2.17 stellt nur ein Beispiel dar. Die Inhalte sind erfunden. Werfen Sie in dem Beispiel bitte einen Blick auf die URL: Hierbei spielt die Informationsarchitektur eine große Rolle. Ich habe für meine Agentur die Fokusthemen bzgl. Online-Marketing-Strategie und SEO-Strategie gelegt. Dafür möchte ich mich als Autorität etablieren. Auf dieser Basis habe ich die weiteren Themen beispielhaft aufgesetzt. Damit diese Spalte nicht zu lang wird, habe ich https://sensational.marketing weggelassen und stattdessen mit „/" angefangen.

2.5.4   SEO-Kriterien für Inhalte

In meiner Agentur Sensational Marketing und mit unseren Kunden ist immer ein diskussionswürdiges Thema, inwieweit wir die Inhalte für Google optimieren können, ohne dass sie unleserlich werden. Denn Ihr Ziel ist klar: Sie wollen mehr Neukunden generieren. Dennoch muss hier stets ein Kompromiss gefunden werden, weil Sie für mehr Neukunden auch mehr Besucher auf Ihrer Website benötigen. Und dafür sorgt die SEO. Ich kann Sie aber beruhigen: Es ist nicht mehr so wie damals, dass in 300 Wörtern Text mehr als zwölfmal das Keyword vorkommen muss. Google versteht immer besser die Inhalte, erkennt Synonyme und analysiert, ob die Inhalte die Besucher binden oder zum Abspringen bringen. Nachstehend möchte ich Ihnen die wichtigsten Aspekte der Content-Optimierung näher vorstellen.

2.5.4.1 Texte

Der Ursprung aller Inhalte im Internet sind die Texte. Sicherlich geht der Trend immer mehr in Richtung Video, dennoch sind Texte das A und O der Suchmaschinenoptimierung. Ich erwähne immer wieder, was das Ziel von Google ist, um zu verdeutlichen, worum es bei der SEO geht: Google möchte das beste und informationsreichste Suchergebnis liefern. Und informationsreich sind eben Texte – nicht umsonst steht Wikipedia bei vielen Suchbegriffen ganz oben. Orientieren Sie sich am besten immer anhand der bereits top positionierten Webseiten zu Ihren Suchbegriffen:

- Wie viele Wörter enthalten deren Texte? Prüfen können Sie das leicht mit dem Browser Add-on SEO Quake. Suchen Sie dieses in Firefox oder Google Chrome und installieren Sie es.
- Nachdem es aktiviert ist, surfen Sie Ihre Website an, klicken auf das SEO Quake Symbol rechts oben und schließlich auf Seiteninfo.
- Auf dieser Seite unter Keyworddichte finden Sie die Anzahl der Wörter auf Ihrer Seite. Für detaillierte Informationen können Sie auch die Unterseite „Dichte" aufrufen.

SEO Quake ist übrigens auch hilfreich, um herauszufinden, wie oft Sie schon das Keyword auf Ihrer Webseite erwähnt haben.

In dem Abschnitt „Die Keywordauswahl" habe ich Ihnen bereits den Rat gegeben, nur drei bis vier Keywords auf einer Unterseite zu optimieren. Der Grund ist einfach: Ein Keyword muss im Text ca. zwei Prozent des Textes ausmachen. Bei 300 Wörtern also ca. sechs Wiederholungen. Das soll Ihnen jedoch nur eine Orientierung geben, Sie müssen sich nicht haargenau daran halten. Wichtig ist nur, dass Sie verstehen, dass Sie Ihre Inhalte für das definierte Keyword relevant machen. Ansonsten stellt sich die Frage, wie Google Ihre Inhalte sonst mit dem Keyword in Verbindung bringen soll. Machen Sie sich aber keine Sorgen, dass Ihre Inhalte später mit einer Keyworddichte von zwei Prozent nicht lesbar sind. Es gibt Hilfsmittel, um die Keywords clever unterzubringen. Hangeln wir uns nun in der Webseiten-Anordnung von oben nach unten durch.

Hauptüberschrift

Innerhalb von nur drei Sekunden entscheiden die Besucher, ob sie auf Ihrer Website bleiben oder nicht. Ihre Überschriften sollten daher verständlich machen, was Sie anbieten. Darüber hinaus müssen Sie auch Ihre Keywords einbringen. Das ist oftmals ein Problem. Daher empfehle ich eine Struktur wie auf https://sensational.marketing (siehe Abb. 2.18): Die obere Überschrift beinhaltet das Hauptkeyword (also das Keyword mit dem höchsten Suchvolumen), und darunter befindet sich eine emotionale Überschrift, die den Besucher überzeugt und in den Text „lockt". Insbesondere in diesem Bereich sollten Sie Ihre Positionierung einbringen. Überzeugen Sie Ihre Besucher!

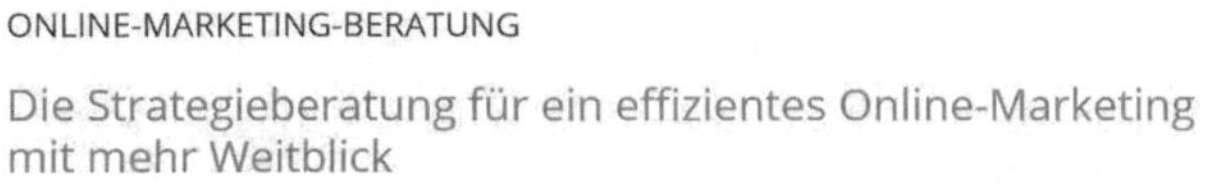

ONLINE-MARKETING-BERATUNG

Die Strategieberatung für ein effizientes Online-Marketing
mit mehr Weitblick

Abb. 2.18 Überschriften der Website sensational.marketing. (Quelle: Sensational Marketing GmbH)

Achten Sie unbedingt darauf, dass in der Hauptüberschrift alles Über-flüssige entfernt wird und das Hauptkeyword ganz vorne steht. Bestenfalls ist das Keyword in der Schreibweise eingebracht, in der die Surfer am häufigsten danach suchen – also unterscheiden Sie zwischen Singular und Plural. Falsche Schreibweisen werden selbstverständlich nicht berücksichtigt! Schreiben Sie die Keywords immer richtig, ansonsten überzeugen Sie vielleicht Google, aber nicht die Besucher.

In der h2-Überschrift können Sie nun gezielt auf Ihre Besucher eingehen und emotionale Aspekte Ihres Produktes oder Ihrer Dienstleistung hervorheben. Hier ein paar einfache Grundsätze für gute Überschriften (vgl. Sens 2017):

- Verknappung: „Nur noch vier von zehn Seminarplätzen verfügbar"
- Ziel: „In nur fünf Schritten zum perfekten Social-Media-Post"
- Problemlösung: „So werden auch Sie zum erfolgreichen Vertriebsprofi"
- Emotion: „Leben wie am Mittelmeer – Ihre neue Einrichtung wartet auf Sie"
- Erklärung: „Das große Geheimnis: Was können semantische Suchmaschinen?"
- Geld: „Sparen Sie bares Geld mit diesen Tipps für Ihr Suchmaschinen-marketing"
- Spieltrieb: „Welcher Unternehmertyp sind Sie? Mit diesem Quiz finden Sie es heraus."

Zwischenüberschriften

Einen Text strukturieren Sie natürlich in Absätzen. Am Bildschirm ist es ohne-hin schwerer, einem Text zu folgen. Daher sollte ein Absatz maximal neun Zeilen lang sein. Damit die Leser sich besser orientieren und entscheiden können, welchen Absatz sie lesen möchten, fügen Sie bitte Zwischenüberschriften ein. Für Google sind diese ebenfalls förderlich, wenn Sie sie mit einem h2- oder h3-Tag versehen – halten Sie jedoch die Reihenfolge ein. Einen h3-Tag erhalten jedoch nur die Absätze, die zu einem h2-Absatz gehören – also quasi dessen Unterkapitel sind. Fügen Sie in den Zwischenüberschriften unbedingt Ihre Keywords ein. Sie müssen zwar nicht in jeder Überschrift eingefügt werden, aber immer dann, wenn es inhaltlich sinnvoll ist.

Ich empfehle Ihnen, auch in den Zwischenüberschriften auf Ihre Positionierung einzugehen. Wie lösen Sie die Ängste und Probleme Ihrer Zielgruppe? Oder: Wie können Sie die Wünsche Ihrer Zielgruppe erfüllen?

Text

Im eigentlichen Inhalt sollten Sie die Keywords gut verteilt einsetzen. Also nicht nur die Keywords ganz am Ende einfügen, sondern auch durchaus im ersten Absatz und in der Mitte. Schreiben Sie den Text bitte primär für Ihre Besucher und nicht für Google. Solange Sie die Keywords im Hinterkopf haben, sollten Sie automatisch einen suchmaschinenoptimierten Text schreiben. Prüfen Sie am Ende einfach nach, ob Sie eine Keyworddichte von ca. zwei Prozent erreicht haben. Notfalls fügen Sie noch die restlichen Keywords ein, indem Sie Synonyme austauschen.

Dies können Sie mit dem Browser Add-On SEOquake am einfachsten prüfen. Dort wird, wie in Abb. 2.19 dargestellt, die Keyworddichte für alle möglichen Wortkombinationen aufgeführt. Weiter unten finden Sie auch Zwei- oder Drei-Wort-Kombinationen.

Seit einigen Jahren hat Google seinen Algorithmus auch hinsichtlich der ganzheitlichen Betrachtung von Inhalten erweitert. Google möchte seinen Suchenden das informativste Suchergebnis liefern. Deshalb gilt es für Sie, die Website-Inhalte so zu optimieren, dass ein Themengebiet die wichtigsten Informationen beinhaltet,

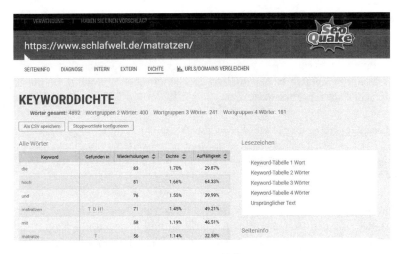

Abb. 2.19 SEOquake-Analyse bzgl. der Keyworddichte für die URL https://www.schlafwelt.de/matratzen/. (Quelle: SEMrush Inc.)

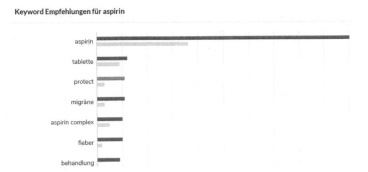

Keyword Empfehlungen für aspirin

Abb. 2.20 Signalwörter finden mithilfe der WDF*IDF-Analyse von Ryte.com. (Quelle: Ryte GmbH 2020)

die Google letztlich erwartet. Dieser Bereich nennt sich WDF*IDF-Analyse. SEO-Tools wie Ryte oder Xovi bieten Ihnen diese Analysemöglichkeit an.

Aktuell wird die Seite https://www.medpex.de/aspirin/ auf der vierten Seite in Google geführt. Medpex.de gibt in ryte.com das Keyword „Aspirin" beim WDF*IDF-Tool ein, ergänzt seine URL bei „URL hinzufügen" und erhält das in Abb. 2.20 gezeigte Ergebnis. Für die betroffene Unterseite heißt der jeweils untere Balken konkret:

- „Aspirin" sollte noch öfter im Text aufgeführt werden.
- „Tablette" wurde schon ausreichend oft erwähnt.
- „Protect", „Migräne", „Asperin Complex" und „Fieber" sollten mehrfach hinzugefügt werden.
- „Behandlung" wurde bisher im Text überhaupt nicht aufgeführt, sollte ebenfalls mehrfach eingebracht werden.

Mit diesen Textanpassungen würde Medpex.de seinen Text um hilfreiche Aspekte, wie speziell zur Behandlung oder auch Migräne, erweitern. Google wünscht sich eine ganzheitliche Betrachtung eines Themas, wodurch das WDF*IDF-Tool für jeden Texter nützlich ist.

Aufzählungspunkte

Die Stellen, die den Besuchern ins Auge fallen und in denen das Keyword aufgeführt wird, werden von Google besonders honoriert. Dazu zählen insbesondere die Überschriften. Doch sind Aufzählungspunkte ebenfalls sehr auffällig, und wenn Sie dort das Keyword einfügen, wirkt sich dies positiv auf Ihr Ranking in

Google aus. Nutzen Sie daher Aufzählungspunkte in Ihren Inhalten. In meiner Agentur schreiben wir gerne über „unsere Leistungen" oder „Ihre Vorteile". Das sind auch für die Besucher nützliche Informationen.

Textlänge

Google bewertet jedes Dokument dahin gehend, ob es für einen Suchbegriff relevant ist oder nicht. Die Relevanz bestimmt Google maßgeblich durch die Analyse des Textes einer Webseite. Wann bietet der Inhalt einen Mehrwert für die Surfer? Insbesondere bei informationsorientierten Keywords, wie bei der Suchanfrage „Wie wird Käse hergestellt?", analysiert Google, wie tief gehend bzw. ganzheitlich die Webseite diese Frage beantwortet. Es spielt keine Rolle, ob ein Text nun 100 Wörter mehr aufführt. Die Qualität ist entscheidend – ob der Text den Lesern alle wichtigen Informationen zur Verfügung stellt oder nicht.

Der große Vorteil von längeren Texten ist, dass Webseiten für mehr Wortkombinationen gefunden werden. Das ist logisch: Denn erst wenn Sie Texte auf Ihre Website platzieren, kann Google diese bewerten und Sie in den Suchergebnissen aufführen.

Bei transaktionsorientierten Keywords, wie „Nähmaschine kaufen", spielt die Textlänge eine geringere Bedeutung.

Lesbarkeit

Google bewertet mittlerweile auch, ob ein Text gut lesbar ist – oder nicht. Das Lesen am Bildschirm ist ohnehin für den Menschen anstrengender als eine Printversion des Lieblingsmagazins. Doch wann ist ein Text schwer lesbar? Wenn ein Text ...

- zu viele Schachtelsätze verwendet
- lange Wörter nutzt
- Passivkonstruktionen aufführt
- Formatierungsfehler hat
- Usw.

Auch wenn wir dies noch aus dem Deutschunterricht kennen, verwenden wir (mich eingeschlossen) doch recht häufig diese Konstruktionen. Das ist nicht leserfreundlich und führt letztlich zu einer höheren Absprungrate und geringerer Verweildauer. Damit das nicht passiert, können Sie einfach das kostenlose Tool von Wortliga nutzen: https://wortliga.de/textanalyse/. Dort müssen Sie lediglich Ihren Text einsetzen, und die Software markiert Ihnen umgehend mangelhafte Textpassagen (Abb. 2.21).

Abb. 2.21 Textanalyse mithilfe des Tools von Wortliga. (Quelle: Wortliga GmbH)

Einzigartige Texte

Duplizierte Inhalte sind für Google ein Ärgernis. Sie verschwenden unnötig Ressourcen, denn die Suchmaschine möchte nur einzigartige und vielfältige Suchergebnisse anzeigen. Jeder kopierte Inhalt ist verschwendete Zeit. Seit 2011 werden duplizierte Inhalte (auf Englisch duplicate Content) auch mit schlechteren Positionen in Google abgestraft. Daher sollten Sie niemals Textpassagen oder sogar ganze Texte kopieren. Selbst das Umschreiben von einzelnen Wörtern mithilfe von Synonymen hilft nicht. Schreiben Sie sämtliche Texte neu! In Phase 7 des SEO-Cockpits finden Sie weitere Hinweise für das technische SEO, beispielsweise dazu, wie Sie mit wiederkehrenden Textbausteinen umgehen sollten.

Verlinkungen nach externen Websites

In diesem Buch verweise ich auf weiterführende Quellen. Der Grund dafür ist einfach: andere Autoren haben ein Thema bereits ausführlich und mit einer anderen Sichtweise ausgeführt. Es lohnt sich, diese Quellen ebenfalls anzusehen. Der Verweis auf diese weiterführenden Quellen ist ein Mehrwert für den Leser, und das sieht Google ebenfalls. Deshalb ist es ratsam, besonders in Blogartikeln externe Quellen zu verlinken. Doch setzen Sie bitte die Links mehr auf Fachportale und nicht nur auf Wikipedia. Auf Produkt- und Dienstleistungsseiten könnten Sie ebenfalls dezent auf externe Webseiten verweisen – Wettbewerber natürlich ausgeschlossen. Auf meinem Blog habe ich zu meinem Buch „Das Online-Marketing-Cockpit" einen Artikel als Kurzfassung geschrieben, der einen Abschnitt zum Thema Marketing-Automatisierung enthält. Darin habe ich eine Studie von PricewaterhouseCoopers (PWC) im vorletzten Satz verlinkt (Abb. 2.22). Dieser stellt eine gute weiterführende Quelle dar.

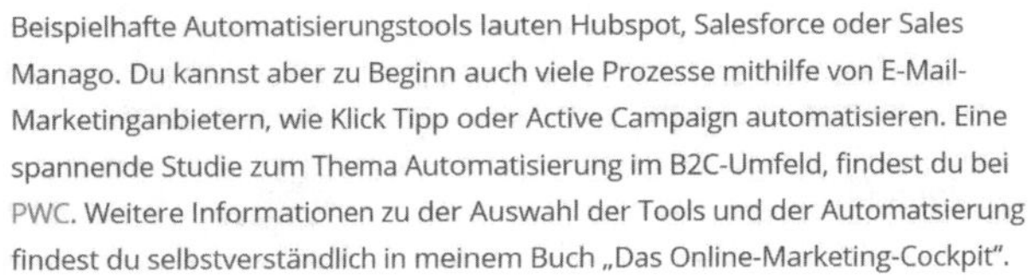

Beispielhafte Automatisierungstools lauten Hubspot, Salesforce oder Sales Manago. Du kannst aber zu Beginn auch viele Prozesse mithilfe von E-Mail-Marketinganbietern, wie Klick Tipp oder Active Campaign automatisieren. Eine spannende Studie zum Thema Automatisierung im B2C-Umfeld, findest du bei PWC. Weitere Informationen zu der Auswahl der Tools und der Automatsierung findest du selbstverständlich in meinem Buch „Das Online-Marketing-Cockpit".

Abb. 2.22 Beispiel für einen externen Link auf sensational.marketing. (Quelle: Sensational Marketing GmbH)

Ausklappbarer Text

Vor mehr als 15 Jahren war es in SEO-Kreisen gängig, Texte für Website-Besucher zu verstecken. Sie sollten nur für Google sichtbar sein. Weiße Schrift auf weißem Hintergrund war eine Methode. Doch mit der Zeit hat Google diese Texte nicht mehr für die Bewertung verwendet bzw. hat die Websites mit schlechteren Positionen abgestraft. Bis heute werden manche Texte durch Aufklappfunktionen bestückt. Dabei wird der Text zunächst für Besucher versteckt. Am Ende des Textes steht ein Link mit dem Linktext „mehr lesen" und wenn man darauf klickt, klappt sich der Text auf und lässt sich normal lesen. Diese Technik haben wir in meiner Agentur vor Jahren bei einem Kunden zum Thema Bootsversicherung eingesetzt. Wir standen für mehrere Wochen und Monate auf Position elf. Dann haben wir zum Testen die Aufklappfunktion entfernt und den Text direkt vollständig angezeigt – und plötzlich kamen wir auf die erste Seite und mit der Zeit sogar auf die erste Position. Sicherlich kann man in der SEO nie ganz genau sagen, was der Grund für die Positionsveränderung war, denn dafür gibt es zu viele Bewertungsfaktoren von Google. Doch war es ziemlich offensichtlich, dass es nach der Entfernung der Aufklappfunktion rasant nach oben ging.

Auf mobilen Endgeräten nutzen viele Websites die Aufklappfunktion, da es die Benutzungsfreundlichkeit fördert. Wikipedia macht es vor: Zunächst wird auf der mobilen Version die allgemeine Beschreibung direkt sichtbar angezeigt. Weitere Abschnitte sind durch die Aufklappfunktion aufgeführt (Abb. 2.23).

Tabs

Streng genommen sind Tabs ebenfalls versteckte Texte. Schlafwelt.de nutzt derzeit diese Funktion (Abb. 2.24). Auch wenn Google vermehrt äußert, dass diese Inhalte für die Bewertung berücksichtigt werden, empfehle ich Ihnen, die wichtigen Inhalte direkt anzeigen zu lassen. Das kann also im ersten Tab sein.

Abb. 2.23 Wikipedia-
Artikel mit
Aufklappfunktion in der
mobilen Ansicht. (Quelle:
Wikimedia Foundation Inc.
2020)

Abb. 2.24 Tabs auf Schlafwelt.de. (Quelle: OTTO GmbH & Co. KG 2020)

2.5.4.2 Meta-Tags

Die Meta-Tags sind auf Ihrer Website nur bedingt sichtbar. Sie teilen sich für
SEO insbesondere in zwei Teile auf: Meta Title und Meta Description. Der Title

wird in Ihrem Browser oben als Beschriftung des Tabs genutzt und ist quasi das Etikett Ihrer Seite. Die Description ist nur in Ihrem HTML-Quellcode sichtbar – sonst nicht. Den Title und die Description nutzt Google für die Suchergebnisse. Sie sind also von außerordentlicher Bedeutung und unentbehrlich für die SEO (siehe Abb. 2.25).

Der Title wird als Überschrift und die Description als Beschreibungstext für das Suchergebnis (das sogenannte Snippet) genutzt. Sie müssen also dafür sorgen, dass Ihr Suchergebnis die folgenden drei Aspekte erfüllt:

1. **Relevanz:** Sie sollten Ihre definierten Keywords in Seitentitel und Description einbringen.
2. **Aufmerksamkeit:** Sie sollten Ihr Suchergebnis auffällig gestalten. Dies schaffen Sie zum einen durch Emojis und zum anderen durch Bewertungssterne, die Sie beispielsweise von einem professionellen Bewertungssystem wie Proven Expert oder Trusted Shops erhalten. Ganz wichtig ist an dieser Stelle, dass Sie ein wichtiges Argument aus Ihrer Positionierung einbringen. Was unterscheidet Sie vom Wettbewerb?
3. **Call to Action:** Fordern Sie die Surfer in der Meta Description zum Klicken auf.

> www.zalando.de › sneaker-socken ▾
> ### Sneaker Socken online bestellen | ZALANDO
> **Sneaker Socken** für den perfekten Auftritt in deinen Sneakern. Guter Sitz und großer Stylefaktor mit Hilfe von **Sneaker Socken**.
> Sneaker Socken Größe 47 · Sneaker Socken Größe 48 · Sneaker Socken Größe 50

> ■ snocks.com › products › sneakersocken ▾
> ### Sneaker Socken kaufen | Für Herren & Damen - Snocks
> ★★★★★ Bewertung: 5 - 94 Rezensionen - 19,99 € - Auf Lager
> 6 Paar Kurze **Sneaker Socken** von SNOCKS. ☑Junges Start Up Unterstützen ☑Kostenloser Versand & Rückversand ☑Anti Loch Garantie.

> a www.amazon.de › sneakersocken › k=sneakersocken ▾
> ### Suchergebnis auf Amazon.de für: sneakersocken
> Puma Unisex Sneaker Sport Socken Sportsocken Füsslinge 251025 im 6er Pack ... YouShow **Sneaker Socken** Herren Damen 10 Paar Kurze Halbsocken ...

Abb. 2.25 Suchergebnisse für den Suchbegriff „Sneaker-Socken" auf Google.de (Google und das Google-Logo sind eingetragene Marken von Google Inc., Verwendung mit Genehmigung). (Quelle: Google.de)

Für diese drei Aspekte haben Sie insgesamt 210 Zeichen Platz: ca. 65 Zeichen im Title und 145 Zeichen in der Description. Alles, was länger ist, wird durch „..." abgekürzt. Sie sollten daher alles Wichtige direkt an den Anfang stellen, sodass es nicht abgekürzt wird. Google testet die Länge der Description andauernd, sodass Sie auch regelmäßig prüfen sollten, ob Ihre Description lang bzw. kurz genug ist.

In der Abb. 2.25 können Sie den Vorteil von snocks.com gegenüber Zalando und Amazon sehen. Aufgrund des kleineren Portfolios kann Snocks auch auf einzelne Produkte optimieren, die für die Shopping-Portale eher unwichtig sind. Das ist immer ein Pluspunkt von Nischenseiten. Snocks hat die Argumente aus der Positionierung, wie die Anti-Loch-Garantie, eingesetzt. Das Keyword „Sneaker Socken" steht sowohl im Titel als auch in der Description, wodurch das Meta Tag relevant für das Keyword ist. Lediglich der Call to Action fehlt. Snocks sollte also „jetzt kaufen" oder „entdecke jetzt deine Sneaker-Socken" ergänzen.

Der Titel ist aufmerksamkeitsstark und kurz zugleich. Bringen Sie daher Ihren Unternehmensnamen oder Ihre Marke in den Titel ein. Denn selbst wenn die Suchenden in Google nicht auf Ihren Eintrag klicken, registrieren sie Ihren Namen und dies steigert somit Ihren Bekanntheitsgrad. Demnach bleiben Ihnen für Ihr Keyword nur noch wenige Zeichen Platz. Zumindest sollte dies das Hauptkeyword mit dem höchsten Suchvolumen sein, welches am Anfang stehen sollte. Nur wenn Sie noch Zeichen übrig haben, können Sie ein weiteres hinzunehmen. Das hat Snocks sehr gut mit dem Begriff „kaufen" im Titel gemacht, sodass „Sneaker Socken kaufen" und erweitert um „Herren & Damen" im Titel steht. Dadurch wird Snocks auch unter anderem für „Sneaker Socken Herren" gefunden.

Ist Ihr Meta Tag kurz genug? Das können Sie mit der Vorschau von Sistrix testen: https://app.sistrix.com/de/serp-snippet-generator. Mit dem Snippet Optimizer von Ryte können Sie Ihr Suchergebnis auf den verschiedenen Endgeräten, wie beispielsweise dem iPhone, prüfen: https://de.ryte.com/free-tools/snippet-optimizer/.

Das Meta-Keyword-Tag

Das Meta-Keyword-Tag wurde vor mehr als zehn Jahren noch oft von SEOs genutzt, um das Ranking der eigenen Website zu verbessern. Das Tag wurde einfach in den Quellcode im Head-Bereich der Website eingesetzt und konnte vom Website-Betreiber beliebig ausgefüllt werden:

```
<meta name="keywords" content="Getränke Leverkusen, Getränke-
handel Leverkusen"/>
```

Damals habe ich diese Technik auch angewendet und es mit weiteren SEO-Techniken für den Getränkehandel meiner Eltern für „Getränke Leverkusen" auf Position eins in Google geschafft. Das war mein Start in die Suchmaschinenoptimierung. Doch Google hat recht schnell alle Maßnahmen, die der Website-Betreiber selbst manipulieren kann, in ihrer Wichtigkeit herabgesetzt bzw. aus den Bewertungskriterien herausgenommen. Die Meta-Keywords spielen heute überhaupt keine Rolle mehr für Google. Daher können Sie sich die Mühe sparen, diese für Ihre Website auszufüllen.

Einzig für die Wettbewerbsanalyse können die Meta-Keywords noch interessant sein. Prüfen Sie, ob einige Ihrer Wettbewerber sich die Mühe machen und die Keywords ausfüllen. So finden Sie schnell heraus, worauf die Wettbewerber optimieren. Mittlerweile pflegen jedoch nur noch wenige die Meta-Keywords.

2.5.4.3 Sitelinks

Wenn Sie nach Ihrem Unternehmensnamen auf Google suchen, erhalten Sie vermutlich ein Suchergebnis wie in Abb. 2.26. Die sogenannten expanded Sitelinks werden für Suchanfragen nach Marken aufgeführt. Vor einiger Zeit konnten

Abb. 2.26 Expanded Sitelinks für das Suchergebnis von sensational.marketing auf Google.de (Google und das Google-Logo sind eingetragene Marken von Google Inc., Verwendung mit Genehmigung). (Quelle: Google.de)

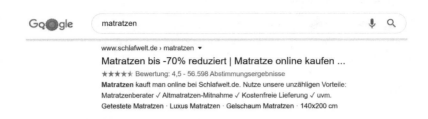

Abb. 2.28 Mini-Sitelinks für das Suchergebnis von schlafwelt.de auf Google.de (Google und das Google-Logo sind eingetragene Marken von Google Inc., Verwendung mit Genehmigung). (Quelle: Google.de)

Seiten in der Google Search Console entfernt werden. Mittlerweile wurde diese Funktion entfernt und man kann die expanded Sitelinks nicht mehr editieren.

Nicht nur Marken erhalten Mini-Sitelinks (siehe Abb. 2.27), sondern sie werden maßgeblich durch interne Links gesteuert. In dem Beispiel von viel-unterwegs.de sehen Sie, dass Google die Links aus dem Inhaltsverzeichnis aufgenommen hat. Daher sind Inhaltsverzeichnisse bei Blogbeiträgen und längeren Unterseiten so beliebt.

Doch nicht nur Inhaltsverzeichnisse erzeugen Mini-Sitelinks, sondern auch thematisch relevante Verlinkungen aus der Navigationsleiste der Website oder des Online-Shops (siehe Abb. 2.28).

Die Mini-Sitelinks können Sie daher mit internen Verlinkungen etwas besser steuern. Doch welche Links Google für Mini-Sitelinks auswählt, bleibt der Suchmaschine überlassen.

Abb. 2.27 Mini-Sitelinks für das Suchergebnis von viel-unterwegs.de auf Google.de (Google und das Google-Logo sind eingetragene Marken von Google Inc., Verwendung mit Genehmigung). (Quelle: Google.de)

Abb. 2.29 Bilderintegration in Suchergebnissen (Google und das Google-Logo sind eingetragene Marken von Google Inc., Verwendung mit Genehmigung). (Quelle: Google.de)

2.5.4.4 Bilder

Mit Ihren Bildern können Sie in Google in zwei Bereichen gefunden werden: zum einen in der Google-Bildersuche, die Sie in Google in der Navigationsleiste unter „Bilder" finden, und zum anderen in den allgemeinen Suchergebnissen. Denn bei manchen Suchanfragen versteht Google, dass die Suchergebnisseite wertvoller ist, wenn auch einige Bilder dargestellt werden (vgl. Abb. 2.29).

Prüfen Sie daher stets, ob Ihre Keywords in Google eine Bilderintegration erhalten oder nicht. Falls ja, ist eine Optimierung der Bilder äußerst interessant, da Sie sehr viele Klicks erhalten können. Bilder ziehen das menschliche Auge stets an, sodass die Suchenden automatisch Bilder sichten. In vielen Themenbereichen wird die normale Bildersuche, die Sie über die übliche Google-Navigationsleiste erreichen, ebenfalls häufig aufgerufen. Zwar führen die Bilder nicht mehr direkt zu den Webseiten, auf denen die Bilder eingebunden wurden, jedoch zumindest über einen zweiten Klick über „Aufrufen". Nun möchte ich Ihnen verraten, was Sie unternehmen müssen, um Ihre Bilder auffindbar zu machen.

- Dort, wo Sie auf ein Keyword optimieren, wird auch das Bild optimiert. Das ausgewählte Bild sollte mind. 200 × 300 Pixel groß sein.
- Benennen Sie das Bild nach Ihrem Keyword um. Also anstatt DMC333.jpg besser zementfliesen.jpg.

- Fügen Sie einen Alt-Tag ein. Dieser wird üblicherweise dann dargestellt, wenn das Bild nicht angezeigt werden kann. Er wird von Google jedoch auch ausgelesen, um die Inhalte des Bildes zu verstehen. Platzieren Sie auch hier Ihr Keyword, gerne auch mit einer Ergänzung zur näheren Beschreibung des Bildes. Beispiel: „Zementfliesen aus Spanien".
- Fügen Sie einen Bildtitel ein, falls dies in Ihr Designkonzept passt. Der Titel wird nämlich beim Überfahren des Bildes mit der Maus angezeigt. Es ist Geschmackssache, ob ein Text erscheinen soll oder nicht. Ich empfinde es beim Kopfbild als eher unästhetisch.
- Optimieren Sie den umliegenden Text so, dass in der Nähe des Bildes mindestens ein- bis zweimal das Keyword erwähnt wird. Es ist natürlich, dass das Bild beschrieben wird: „Oben sehen Sie die Zementfliesen aus Spanien in einem Kölner Neubau …".
- Komprimieren Sie Ihre Bilder so, dass die Datei so klein wie möglich ist. Nutzen Sie Tools, wie jpegmini.com, um die Bilder zu komprimieren.
- Sorgen Sie dafür, dass andere Websites Ihre Bilder verwenden.

Möchten Sie schnell einen Überblick der aktuell verwendeten Bilder erhalten? Dann nutzen Sie einfach den Screaming Frog. Im Abschn. 2.5.1 gab ich Ihnen eine Anleitung zur Installation der Software und Prüfung Ihrer Website. Klicken Sie in den Tabs unter der URL auf Images. Anschließend erhalten Sie die gewünschte Bilderübersicht (Abb. 2.30).

2.5.4.5 Nutzergenerierter Content

Kundenbewertungen, Blogkommentare oder auch Forenbeiträge – all das wird als nutzergenerierter Content (auf Englisch: user-generated content, kurz UGC) bezeichnet. Diese Inhalte werden von Google gleichfalls für die SEO

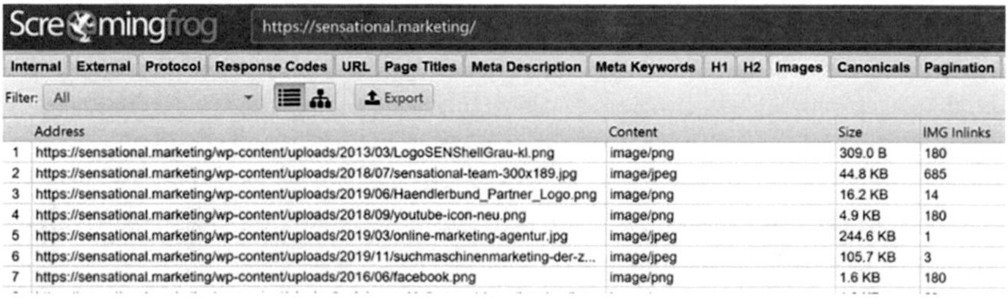

Abb. 2.30 Übersicht der verwendeten Bilder von sensational.marketing mithilfe des Screamining Frogs. (Quelle: Screaming Frog Ltd.)

bzw. die Bewertung verwendet, solange sie auf Ihrer Website gehostet werden. Bewertungen auf externen Portalen, wie Trusted Shops oder Proven Expert, zahlen nicht auf Ihre Domain ein und fördern nicht Ihr Ranking.

Achten Sie fortlaufend darauf, dass der UGC kein Spam beinhaltet. Sie sind aus Googles Sicht für die Qualität des Contents verantwortlich (Dziki 2018). Falls Sie einen Blog mit Kommentarfunktion betreiben, sollten Sie die Kommentare nur manuell freigeben. Das Aufkommen von Spam-Kommentaren ist einfach zu groß.

Berücksichtigen Sie in Ihrer SEO-Strategie auf jeden Fall den UGC. Es ist kostenloser Content, der meistens viele relevante Keywords beinhaltet.

2.5.4.6 Content-Freshness

Google sagt selbst, dass die Aktualität generell nichts über die Qualität eines Dokumentes aussagt (Google 2019a). Doch existieren manche Themen, bei denen die Aktualität wichtig ist:

- Aktuelle Nachrichten, wie zum Beispiel zum Thema Hurrikan
- Events, wie die Olympischen Spiele
- Aktuelle Informationsanfragen, wie „NRW Ferien"
- Produkte, wie das iPhone

Zu diesen beispielhaften Themen sind aktuelle Inhalte notwendig, um in den Suchergebnissen weit oben zu stehen. Doch sollten Sie auch bei anderen Artikeln, inklusive den Blogartikeln, die Inhalte aktualisieren. Letztlich ist jeder Besucher auch ein potenzieller Kunde – den Sie nicht durch falsche oder nicht aktuelle Informationen abschrecken möchten.

Gehen Sie bei der Aktualisierung am besten nach Prioritäten vor. Gehen Sie in Google Analytics auf „Verhalten – Websitecontent – alle Seiten". Dies sind die Unterseiten Ihrer Website, sortiert nach der Anzahl der Seitenaufrufe. Erweitern Sie rechts oben den Zeitraum auf einige Monate, vielleicht auch ein Jahr, um eine große Datenmenge zu erhalten. Anschließend können Sie die Seiten mit den meisten Seitenaufrufen als Erstes aktualisieren.

2.5.4.7 Videos

Nach dem Keyword „SEO" wird in Google monatlich 49.500-mal in Deutschland gesucht. Das wäre aktuell Ihr Potenzial für die Suchmaschinenoptimierung. Doch können Sie durch ein Video zu diesem Thema zusätzliche 38.800 Suchanfragen pro Monat in YouTube erreichen. Auch wenn immer mehr Unternehmen in Videos investieren, ist YouTube immer noch ein Portal mit einem riesigen

Potenzial. Denn verglichen mit der Anzahl von Webseiten sind Videos deutlich in der Minderheit. Machen Sie doch die Probe aufs Exempel und suchen Sie einmal nach Ihrem Keyword in Google und einmal in YouTube, und vergleichen Sie die Anzahl gefundener Seiten bzw. Videos. Dies sind Ihre Wettbewerber, die Sie überholen müssen. Sie erkennen nun vermutlich das erhebliche Potenzial von Videos.

Neben der unglaublich großen Reichweite von Videos auf YouTube sind Videos jedoch auch ein wichtiger Bestandteil der SEO für Ihre Website. Der Grund liegt in den überarbeiteten Bewertungsfaktoren von Google: Seit wenigen Jahren analysiert die Suchmaschine nämlich nicht nur die Backlinks, den Inhalt und die Technik, sondern auch die Besuchersignale:

- **Klickrate:** Wenn jemand in Google nach dem Begriff „SEO" sucht – für welches Suchergebnis entscheidet er sich? Durchschnittlich klicken ca. 30 % auf die Position eins, 15 % auf die Position zwei und sieben Prozent auf die Position drei. Diese Statistiken sind von Keyword zu Keyword unterschiedlich. Die echten Daten erhebt Google für sich und publiziert sie nicht. Weicht die Klickrate von den individuellen Statistiken positiv ab, ist es für Google ein Hinweis, dass das Suchergebnis gut ist und potenziell besser positioniert werden sollte (oder die erste Position festigt).
- **Absprungrate:** Geht der Suchende nach dem Klick auf das Suchergebnis direkt wieder zurück zu Google oder bleibt er auf der Seite? Dies zeigt Google, wie relevant das Suchergebnis für den Suchenden ist.
- **Besuchszeit:** Wie lange bleibt der Surfer auf der Zielseite? Hier kommt der Knackpunkt für die Videos: Durch den Einbau eines Videos weit oben auf der Website können Sie die Verweildauer erheblich steigern. Das wiederum ist ein positiver Faktor für Google und die SEO.

Die Optimierung Ihrer Videos
Damit Ihre Videos in YouTube und in den Google-Suchergebnissen (dort werden bei bestimmten Keywords einzelne Videos eingeblendet) top positioniert sind, müssen Sie einige Optimierungspunkte beim Hochladen auf YouTube berücksichtigen. Diese stelle ich Ihnen nachstehend vor:

- **Titel:** Fügen Sie das Keyword ein und schreiben Sie eine interessante Überschrift (siehe dazu auch den Abschnitt „Texte", in dem ich Ihnen Tipps für gute Überschriften gegeben habe). Ein gutes Beispiel für einen anregenden Videotitel ist „10 Näh-Hacks im Test / Nähtipps die jeder kennen sollte?!".

Hier wurde auf Näh-Hacks optimiert, was auch gut funktioniert hat. Das Video hat mehr als 690.000 Aufrufe.

- **Beschreibungstext:** Platzieren Sie das Keyword am Anfang und schreiben Sie trotzdem in den ersten Zeilen einen spannenden Teaser. Denn dieser wird in den Suchergebnissen auf YouTube angezeigt. Regen Sie die Surfer also zum Klicken an. In dem Näh-Hacks-Beispiel DIY-Mode wurde der Text „In diesem Video zeige und teste ich 10 der beliebtesten Näh-Hacks für dich! Ich wünsche dir viel Spaß beim Anschauen und …" geschrieben.
- **Keywords:** In dem Feld „Schlagwörter" in YouTube sollten Sie fünf bis zehn Keywords eingeben. Dies können zum Teil auch allgemeine Begriffe wie „nähen" oder „Nähmaschine" sein.
- **Reaktionen:** Sorgen Sie am Ende Ihres Videos und im Beschreibungstext für Reaktionen, indem Sie zum Beispiel nach der Meinung zum Thema des Videos fragen. So erhalten Sie Kommentare. Darüber hinaus sollten Sie die Personen anregen, für Ihr Video einen „Daumen nach oben" zu geben.
- **Transkript:** Dass YouTube bzw. Google das Gesprochene von Videos auslesen kann, beweisen die automatisch erstellten Transkripte im Video-Manager auf YouTube. Wie bei der Textoptimierung für die SEO ist es natürlich, dass ein Text mit der Überschrift „Nähen" auch des Öfteren das Wort „Nähen" im Text enthält. Demnach ist es nur logisch, dass es genauso auch in Videos funktioniert. Daher sollten Sie in Ihren Videos Ihre Keywords auch erwähnen.

▶   **Wichtig** Stellen Sie sich die Frage, warum YouTube Ihr Video in den Suchergebnissen besserstellen sollte im Vergleich zu den anderen. Noch ein einfaches Erklärvideo wird nicht den Erfolg bringen. Was können Sie Besonderes machen?

▶   **Zusatztipp: Keywordrecherche für YouTube** Wie oft wird nach Ihren Keywords auf YouTube gesucht? Die Antwort liefert Ihnen das kostenpflichtige Tool keywordtool.io. Dort erhalten Sie nach Eingabe eines Keywords die Information, wie oft danach gesucht wird.

2.5.4.8 E-A-T-Aufbau

Wie bereits in den SEO-Rankingfaktoren erläutert, steht E-A-T für Expertise, Authority und Trustworthy. Google favorisiert Websites, die vertrauenswürdig sind. Durch die Konzeption der Informationsarchitektur haben Sie bereits begonnen, als Experte für bestimmte Themenfelder wahrgenommen zu werden.

In dem weiteren E-A-T-Aufbau werden Sie weitere Möglichkeiten kennenlernen, Ihren E-A-T-Faktor zu steigern.

In der Vergangenheit habe ich immer vom Linkaufbau gesprochen. Doch für mich ist dieses Wort zu kurz gefasst, um heutzutage in der SEO erfolgreich zu sein. Bisher ging es darum, dass externe Websites auf Ihre Website verlinken. Das kennen Sie sicherlich von Branchenbüchern wie Gelbe Seiten, Wikipedia oder auch Blogs oder anderen Websites. Bei Longtail-Keywords (also Keywords, die aus mehr als drei Wörtern bestehen) reichen oft gute Inhalte aus. Sie haben wenige Wettbewerber und damit relativ leichtes Spiel. Wenn Sie aber für umkämpfte Keywords ganz oben stehen möchten, zählt der E-A-T-Faktor.

2.5.4.9 Möglichkeiten des E-A-T-Aufbaus

Wie kann Google eine Website hinsichtlich E-A-T beurteilen? Dazu gibt Google in den Quality Rater Guidelines einige Hinweise. Diese gelten laut Google speziell für sogenannte Your Money Your Life (kurz YMYL) Seiten. Google nennt dafür folgende Beispiele (Google 2019b):

* Shopping-Portale
* Informationsportale für Finanz- und Rechtsthemen
* Informationsportale für Gesundheit
* Informationsportale für Erziehung

Zusammengefasst sind es Seiten, die das Leben von Menschen in Bezug auf Geld und Gesundheit besonders beeinflussen. Meiner Ansicht nach sind Gesundheits- und Rechtsthemen außerordentlich strengen Kriterien unterlegen. Das bedeutet, dass Google dabei mehr auf E-A-T-Faktoren achtet als bei anderen. Trotzdem ist E-A-T auch in anderen Branchen von Vorteil und wird sicherlich eine immer wichtigere Rolle spielen.

Folgende fünf Möglichkeiten können Sie für mehr Autorität und Reputation für Ihr Unternehmen nutzen (vgl. Aufgesang 2020):

* **Wikipedia-Eintrag:** Führt das Unternehmen oder der Autor eines Artikels einen eigenen Wikipedia-Eintrag? Erfahrungsgemäß sind die Relevanz-kriterien von Wikipedia ziemlich streng und die Administratoren achten sehr darauf, dass diese eingehalten werden. Unternehmen erhalten nur dann einen Wikipedia-Eintrag, wenn sie mindestens 1000 Mitarbeiter und 100 Mio. EUR Umsatz vorweisen können (Wikimedia 2020). Als Person kann man ebenfalls einen eigenen Wikipedia-Eintrag erhalten. Beispielsweise erhalten Buchautoren mit vier Sach- oder Fachbüchern einen eigenen Eintrag. Weitere

Kriterien und Möglichkeiten können Sie unter https://de.wikipedia.org/wiki/ Wikipedia:Relevanzkriterien prüfen.

- **Bewertungen:** Dieser Aspekt ist noch etwas behutsam zu beurteilen. Google erhebt selbst und aggregiert die Bewertungen zu einer Firma, welche bei der Suche nach einem Unternehmen auf der rechten Seite in der sogenannten Knowledge Graph-Box ersichtlich sind. Ein Unternehmen, das nur schlechte Bewertungen aufweist, kann nicht vertrauenswürdig sein. Doch Bewertungen sind leicht durch Unternehmen zu manipulieren, demnach vermute ich eher, dass diese eine geringe Relevanz in der Bewertung von Google haben.
- **Awards:** Gilt ein Award als historisch anerkannt und wird er medial beachtet, gilt der Gewinner dieses Awards als vertrauenswürdig. Eine mögliche Herangehensweise von Google hierfür könnte sein, dass geprüft wird, ob der Award selbst über einen Wikipedia-Eintrag verfügt. Die Gewinner des Pulitzer-Preises für Sachbücher werden auf der Seite beispielsweise ebenfalls genannt und können somit von Google verarbeitet werden: https:// de.wikipedia.org/wiki/Pulitzer-Preis/Sachbuch.
- **Verlinkungen aus der eigenen Branche:** Wird ein Arzt von seinen Kollegen als Referenz genannt und sogar verlinkt, ist das Vertrauen schnell hergestellt. Erstellen Sie beispielsweise eine Studie, die von Websites oder Blogs aus Ihrer Branche verlinkt wird. In der SEO-Branche hat der SEO-Toolanbieter Searchmetrics in den letzten Jahren regelmäßig Studien publiziert und damit zahlreiche Backlinks von SEO-Blogs erhalten.
- **Verlinkungen von vertrauenswürdigen Websites:** Google verwendet eigene Tools, um die Vertrauenswürdigkeit einer Website zu prüfen. Für Sie kann eine erste Qualitätseinschätzung eines Backlinks die Prüfung des Sichtbarkeitsindexes in einem SEO-Tool wie Sistrix sein. Dieser zeigt die Sichtbarkeit der Website in Google an. Je höher der Wert ist, desto sichtbarer ist die Seite. Ein Backlink von n-tv.de hat einen größeren Einfluss auf Ihre Website als ein Link vom Gärtner in der Nachbarschaft. In der vierten Phase des SEO-Cockpits haben Sie potenziell einige Fachmagazine festgelegt. Diese könnten bereits interessante Linkgeber für Sie sein.

2.5.4.10 Status quo erheben

Ein konkreter E-A-T-Score existiert nicht. Nur Google kennt ihn. Daher sollten Sie selbst den ungefähren aktuellen E-A-T-Status für Ihre eigene Website und die Ihrer Wettbewerber einschätzen. Ob ein Unternehmen einen Wikipedia-Eintrag und Awards gewonnen hat und die Bewertungen positiv sind, können Sie manuell prüfen. Suchen Sie einfach den Unternehmensnamen und erstellen Sie sich eine Excel-Liste für die einzelnen Kriterien.

Für die Analyse der Backlinks empfehle ich Ihnen keine kostenlosen Tools.
Sie benötigen eine gute Datenbasis, um so viele Backlinks aufzuspüren wie nur
möglich. Folgende Tools verfügen über eine gute Datenbank:

- LinkResearchTools
- Sistrix
- Searchmetrics
- Xovi

In Sistrix ist der Backlinkvergleich schnell gemacht. Tippen Sie im Suchfeld einfach die Domains kommagetrennt ein. Dies habe ich für den folgenden Vergleich
mit dieser Abfrage durchgeführt: schlafwelt.de, bett1.de, matratzen-concord.de
(siehe Abb. 2.31).

Nun sehen Sie fünf verschiedene Werte, die ich Ihnen nachstehend erläutere:

1. **Links:** Anzahl der einzelnen externen Links auf die Domain insgesamt.
2. **Domains:** Zusammenfassung der Domains, die zum Beispiel schlafwelt.de
   verlinken. Gelbeseiten.de könnte schlafwelt.de mehrfach auf unterschiedlichen
   Unterseiten verlinken. Doch bei Domains wird dies nur einfach gezählt.
3. **Hostnamen:** Eine Website kann auch einen Blog als Subdomain, wie blog.
   domain.de, führen. Potenziell existiert nicht nur eine Subdomain, sondern
   auch mehrere. Der Hostname ist das Bündel aus der Third-, Second- und
   Top-Level-Domain.
4. **IPs:** Auf einem managed Webserver werden meist mehrere Domains
   gemeinsam gehostet. Je nachdem, welches Hosting-Paket Sie gewählt haben.
   Wenn Sie mehrere Domains auf dem gleichen Webhosting-Paket projektiert
   haben und Gelbeseiten.de verlinken, wird unter IPs nur eine aufgeführt, da der
   Webserver eine IP-Adresse und nicht mehrere hat.

Link-Modul	schlafwelt.de		bett1.de		matratzen-concord.de	
Links	9.541		3.990		24.432	
Domains	1.073		609		1.230	
Hostnamen	1.574		738		3.508	
IPs	588		580		759	
Netzwerke	458		439		500	

Abb. 2.31 Backlinkvergleich in Sistrix. (Quelle: Sistrix GmbH)

5. **Netzwerke:** Eine IP-Adresse besteht aus vier Blöcken, zum Beispiel 91.198.174.192. Die Netzwerkpopularität bezieht sich auf die C-Klasse, also den dritten Teil der IP-Adresse. Diese wird von einer bestimmten Servergruppe oder einem Hoster verwendet. Die Vermutung ist daher, je höher die Netzwerk-Popularität ist, desto höher die Wahrscheinlichkeit, dass die Backlinks von unterschiedlichen Website-Betreibern gesetzt wurden.

Backlinkqualität prüfen

Bisher haben wir uns nur die Quantität der Backlinks angesehen. Doch letztlich entscheidet auch die Qualität, ob Sie eine Autorität darstellen oder nicht. In Sistrix erhalten Sie unter dem Registerpunkt „Links – Überblick" die in Abb. 2.32 gezeigte Darstellung.

Am Beispiel von Schlafwelt.de sehen wir die Verteilung der Verlinkungsqualität. Die Qualität kann anhand der Sichtbarkeit der einzelnen Domains gemessen werden. Die Sichtbarkeit ist ein von Sistrix ermittelter Wert, der sich wie folgt berechnen lässt:

„Es werden die Ergebnisse nach Position und Suchvolumen für das jeweilige Keyword gewichtet. So ergibt Platz 10 bei einem sehr trafficstarken Keyword wie „Immobilien" einen höheren Wert als Platz 1 bei einem selten gesuchten Suchbegriff wie „Wohnung Brandenburg an der Havel provisionsfrei". Bei der Gewichtung der Position werden unterschiedliche Klickraten pro Keyword berücksichtigt. So erhält der erste Treffer bei dem Keyword „Hamburg" beispielsweise eine Klickrate von fast 60 %, während der erste Treffer für das Keyword „Hotel Hamburg" nur eine Klickrate von unter 25 % besitzt. Diese wichtigen Unterschiede werden bei der Gewichtung pro Keyword berücksichtigt.

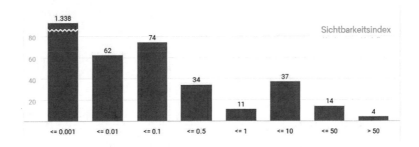

Abb. 2.32 Backlinkanalyse für schlafwelt.de in Sistrix. (Quelle: Sistrix GmbH)

Die gewichteten Werte werden in einem letzten Schritt für jede Domain auf-
summiert und ergeben dann den SISTRIX Sichtbarkeitsindex." (Quelle: Sistrix
2020)

Auf Basis von 250.000 Keywords erhebt Sistrix täglich diesen Wert für jede
Domain in der Datenbank. Je höher der Sichtbarkeitsindex, desto höher sollte
das Vertrauen von Google in die Website sein. Dieses Vertrauen gibt die Website durch einen Link weiter. Ich empfehle Ihnen daher, Backlinks von Websites
zu erhalten, die einen größtmöglichen Sichtbarkeitsindex aufweisen. Weitere
Tools wie Xovi und Searchmetrics führen übrigens vergleichbare Sichtbarkeits-
indizes auf. Beachten Sie jedoch auch Websites mit einem Expertenstatus in Ihrer
Branche, die einen geringeren Sichtbarkeitsindex aufweisen. Das können beispielsweise Verbände sein. Sie verlinken nur auf ausgewählte Websites, die sie
guten Gewissens weiterempfehlen können.

Prüfen Sie für Ihre Domain und die Ihrer direkten Wettbewerber den aktuellen
Status. Wie groß ist die Lücke zu Ihren Wettbewerbern? Beachten Sie die Quantität und Qualität. Diese Lücke gilt es zukünftig zu schließen.

2.5.4.11 Quick Wins

Schnelle Erfolge beim E-A-T-Aufbau erhalten Sie durch naheliegende Ver-
bindungen: Sie sollten sich fragen, mit wem Sie geschäftlich oder privat in Verbindung stehen, der Sie auf seiner Website verlinken könnte. Ich gebe Ihnen ein
paar Beispiele:

- Verbände (in einem Newsbeitrag des Bundesverbandes mittelständischer Wirt-
  schaft – BVMW – erhielten wir einen Backlink)
- Universitäten (meine Agentur wurde zum Beispiel auf https://www.iubh-
  dualesstudium.de/netzwerk-karriere/praxisunternehmen/ verlinkt)
- Behörden (das Bundesministerium für Wirtschaft und Energie verlinkt uns auf
  der Beraterseite des Förderprogramms „Go Digital")
- Sponsoring (wir unterstützen den Heimatverein bergfried-leverkusen.de,
  worauf eine Verlinkung zu meiner Agentur besteht)
- Lieferanten und Kunden
- Dienstleister (Webdesign-Agenturen verlinken uns)

Das sind meist leicht erreichbare Verlinkungen, da Sie die Personen kennen und
danach fragen können. Eine Verlinkung können Sie auf einer Partner-Unterseite
erhalten, im Footer (wie unsere Verlinkung auf bergfried-leverkusen.de), in
Listen (wie bei unserer Partneruniversität) oder einfach im Fließtext. Lassen Sie
Ihre Kontakte ruhig beliebig verlinken, machen Sie keine Vorschriften. Oftmals

müssen Sie Ihrem Kontakt Ihr Logo zusenden – den Einbau der Verlinkung auf deren Website übernimmt der Programmierer oder Redakteur, das ist kinderleicht.

2.5.4.12 Content-Marketing

Wann empfehlen Sie Geschäftspartnern ein bestimmtes Unternehmen? Doch nur, wenn es wirklich gut ist, oder? Genauso sieht es Google mit den Verlinkungen. Diese erhält eine Website nur, wenn sie den Besuchern einen Mehrwert bietet. Diesen können Sie mit außergewöhnlichen Inhalten generieren, doch ist das in Zeiten der Informationsflut eine echte Herausforderung. Ihre Inhalte müssen auffallen! Ein Highlight-Content ist gefragt.

EKS® – Engpasskonzentrierte Strategie
Eine bekannte und verbreitete Methode für die unternehmerische Strategiefindung ist die EKS® – Engpasskonzentrierte Strategie. Diese haben Sie bereits in der ersten Phase des SEO-Cockpits kennengelernt und potenziell bereits angewendet.

Nach dem Autor Mewes sollten Sie Ihren Schwerpunkt auf die persönliche Ebene des Kunden legen: Welche Probleme beschäftigen ihn emotional? Anschließend fragen Sie sich: Welche innovative und einzigartige Möglichkeit gibt es, um diese Problematik zu lösen? Mit dieser Strategie eröffnete Mewes einen völlig neuen Blick auf Unternehmen, angetrieben von der Frage: Welchen Mehrwert biete ich?

Content-Marketing + EKS® = SMILE ECM®
Fasziniert von der Strategie und ihren Ergebnissen kam ich 2013 auf die Idee, EKS® mit Content-Marketing zu verknüpfen, und probierte mich an einer völlig neuen Herangehensweise an die bekannte Strategie. Diese Endfassung nennt sich SMILE ECM® (Engpasskonzentriertes Content-Marketing). Die Strategie ist angewandt einfach wie erfolgreich. Bei der Anwendung von SMILE ECM® richten Sie Ihren Fokus wie auch bei der EKS®-Strategie auf die persönliche und emotionale Problematik, mit der sich Ihre Kunden beschäftigen. Der Zusatz zur EKS®-Strategie: Überlegen Sie sich, welche innovative und einzigartige Möglichkeit existiert, um diese Problematik zu lösen. Finden Sie eine Nische, lösen Sie dort das Problem und werden Sie an diesem Punkt die Nummer eins! Um mit SMILE ECM® erfolgreich zu sein, spielt es eine große Rolle, die emotionalen Sorgen Ihrer Kunden ernst zu nehmen, Lösungswege zu schaffen und gleichzeitig Aufmerksamkeit zu erregen.

Informieren Sie sich vor der Anwendung von SMILE ECM®, welche Fokusgruppe Sie erreichen möchten. Nutzen Sie alle Ihnen zur Verfügung stehenden

Kanäle zur Verbreitung Ihres Contents, aber achten Sie darauf, dass das jeweilige Medium auch zu Ihrer Zielgruppe passt. Beispielsweise: Schreiben Sie einen Blogartikel, drehen Sie ein kleines Video und stellen Sie es auf die soziale Medienplattform YouTube, schreiben Sie Anleitungen, wenden Sie sich an Influencer – Hauptsache, Sie bieten qualitativen Mehrwert. Noch ein Rat: Halten Sie sich vor Augen, dass guter Content nicht zwangsläufig einfachen Text enthalten muss. Werden Sie kreativ, vermarkten Sie sich, und zwar auf eine einzigartige Art und Weise.

▶ **Ein weiterer Tipp** Nutzen Sie die Webseite https://buzzsumo. com/. Sie haben sich für einen Bereich entschieden? Dann finden Sie auf Buzzsumo alle bisher veröffentlichten Artikel und Beiträge zu dem Thema. Die Website bietet einen umfangreichen Überblick, welcher Content häufig geteilt bzw. verbreitet wird, und erleichtert Ihnen die Nischensuche.

SMILE ECM® anhand eines Beispiels
Der Online-Shop Nähszene betreibt einen Blog, auf welchem der Blogartikel „Kinderkostüme selber machen" (https://blog.naehszene.de/kinderkostueme-selber-machen/) veröffentlicht wurde. Zu Beginn wurde recherchiert, welche Suchbegriffe häufig eingegeben werden, und anschließend, welche nicht. Lassen Sie sich inspirieren und suchen Sie sich zwischen den weniger gebrauchten Keywords Ihre Nische. In unserem Beispiel fiel auf, dass es bisher keinen größeren oder umfangreichen Artikel zum Thema Kinderkostüme gab; die Nische war gefunden. Der Blogartikel ist beinahe ein Paradebeispiel – er besteht nicht nur aus reinem Text, sondern beinhaltet Bilder und verschiedene Anleitungen, somit ist ein guter Mehrwert gegeben. Die zahlreichen Kostümideen wurden in diesem Fall von unterschiedlichen Influencern bereitgestellt, d. h., die zu nutzenden Kanäle waren beispielsweise Facebook und Pinterest. Durch die bereits integrierten Influencer, die selbst den Artikel teilten, um ihre eigenen Kreationen zu präsentieren, ist es keine Überraschung, dass der Artikel jetzt zu den am meisten aufgerufenen Webseiten des Online-Shops „Nähszene" gehört. Zusätzlich erhielt der Blogartikel unter anderem einen Backlink vom Kölner Stadtanzeiger: https://bastiansens.de/outksta.

E-Books
Ein weiteres wichtiges Medium für Content-Marketing sind E-Books. Sie bieten eine Möglichkeit, Expertise auf einem einfachen und effizienten Weg zu präsentieren. E-Books liefern dem Kunden die nötigen Informationen in

aufbereiteter Form mit nützlichem und lösungsorientiertem Inhalt. Auch hier können Sie sich an einige Punkte halten, um ein gutes E-Book zu schreiben. Wie auch bei den bereits genannten Strategien ist ein hoher Mehrwert sehr wichtig, und diesen erreichen Sie, indem Sie in Ihrem E-Book Folgendes unterbringen:

- Tipps & Tricks
- Anleitungen
- Praxisbeispiele

Das ist der Content, aus dem ein gutes E-Book als Marketing-Tool besteht. Schließlich schaffen Sie einen triftigen Grund, warum Fachmagazine in Ihrer Branche Sie verlinken sollten. Magazine verweisen oft ungern auf kommerzielle Inhalte. Doch wenn Sie ein kostenloses E-Book anbieten, wird das gerne von Magazinen erwähnt und verlinkt.

2.5.4.13   Weitere Linkaufbaumöglichkeiten

Wir SEOs haben schon viel verbrannte Erde hinterlassen. Wir haben alle Quellen für Backlinks ausgenutzt, um unsere betreuten Websites in Google besser zu positionieren. Social Bookmarks, Artikelverzeichnisse, Webkataloge und Presseportale waren beliebte Seiten für den Linkaufbau. Doch Google hat mit der Zeit diese Links für die Bewertung ausgeschlossen und sogar Websites abgestraft, die diese Techniken exzessiv genutzt haben. Daher werde ich auf diese Portale nicht näher eingehen. Es wäre Zeitverschwendung für Sie, sich damit näher zu beschäftigen.

Einzig empfehlenswert sind Portale, die für die Website-Besucher einen wirklichen Mehrwert bieten. Es sind Seiten, die mit Liebe und Mühe gepflegt werden. Mein Kollege Julian Dziki gibt in seinem Buch „Suchmaschinenoptimierung für Dummies" ein sehr gutes Beispiel für ein gepflegtes Webverzeichnis: tierarzt-onlineverzeichnis.de. Dieses Portal führt über 11.000 Tierärzte auf. Es gibt in manchen Branchen noch solche gut gepflegten Verzeichnisse, die sich für Sie auch lohnen. Suchen Sie einmal nach Ihrem Hauptkeyword in Verbindung mit Verzeichnis oder Katalog. Wenn Ihnen Websites auffallen, die gut gepflegt sind, dann tragen Sie sich dort ein. Insbesondere, wenn Sie lokal gefunden werden möchten, sind Branchenbücher sehr zu empfehlen!

Gastartikel

Gastartikel sind Beiträge auf anderen Websites, mit dem Ziel, ein weiteres Zielpublikum zu erreichen und einen Backlink zu erhalten. Sie haben in der vierten Phase des SEO-Cockpits verschiedene Fachmagazine definiert. Diese sind die erste Anlaufstelle für Sie. Doch nicht nur Fachmagazine sind für Sie interessant. Es existieren unzählige Blogs, die Ihre Fachartikel publizieren können. Für die Fachmagazine und Blogs hat es den Vorteil, dass sie kostenlosen Content erhalten. Sie können Ihren Expertenstatus aufbauen und einen Link erhalten. Beachten Sie dabei folgende Empfehlungen:

- Schreiben Sie immer einen einzigartigen Text und kopieren Sie keine Inhalte.
- Verlinken Sie Ihre Website nicht mit einem Keyword im Linktext, sondern einfach mit der URL oder Ihrem Firmennamen.
- Machen Sie keine Werbung für Ihre Produkte oder Dienstleistungen, sondern bauen Sie Ihren Expertenstatus durch Fachinformationen auf.
- Suchen Sie in Google nach Ihrem Keyword in Verbindung mit „Gastartikel". Vermutlich haben bereits Unternehmen zu Ihren Themen Gastartikel publiziert. Probieren Sie verschiedene Keywords aus.

Ich schreibe sehr gerne – sowohl Bücher als auch Gastartikel. Zuletzt schrieb ich für das e-commerce Magazin sogar eine ganze Serie: https://www.e-commerce-magazin.de/serie-teil-1-acht-phasen-einer-erfolgreichen-online-marketing-strategie.

Linktausch und Linkkäufe
Bei einem Linktausch verlinken sich zwei Webmaster gegenseitig. Das kann zwei Gründe haben: Zum einen möchten sie in Google besser gefunden werden und zum anderen die Website-Besucher auf ihre Kooperationspartner aufmerksam machen. Letzterer Grund kann sicherlich hilfreich sein, doch für die SEO weniger. In den Richtlinien für Webmaster weist Google ausdrücklich darauf hin, dass exzessiver Linktausch negative Auswirkungen auf das Ranking haben kann (Google 2020). Deshalb sollten Sie von sogenannten Linktauschprogrammen Abstand nehmen. Verlinken Sie sich ruhig mit Ihren Kooperationspartnern, um Ihre Website-Besucher aufeinander aufmerksam zu machen. Mehr können Sie davon nicht (mehr) erwarten.

Das Gleiche gilt übrigens für Linkkäufe. Es gibt zahlreiche Blogger, die gegen Bezahlung einen Backlink auf Ihre Website setzen. Doch wenn die Artikel, in denen der Backlink enthalten ist, anfangs nicht mit „Sponsored Post" oder Ähnlichem deklariert werden und anschließend der Backlink mit dem neuen HTML-Element rel="sponsored" (weitere Informationen dazu finden in Abschn. 2.7.3) erweitert wird, kann der Link Ihnen durchaus erheblich schaden. Ein gekaufter Artikel in einem Fachmagazin ist selbstverständlich nicht als schlecht anzusehen. Ganz im Gegenteil: Er kann Ihrem

Bekanntheitsgrad förderlich sein und potenzielle Kunden einbringen. Der höhere Bekanntheitsgrad sorgt für mehr Suchanfragen nach Ihrer Marke, wodurch Sie wiederum mehr als Autorität angesehen werden. Doch wenn Sie den Link nicht als „sponsored" deklarieren, wird er Ihnen schaden. Nehmen Sie von solchen Links unbedingt Abstand. Falls Sie also Artikel in Fachmagazinen oder Blogs kaufen, sollte am Anfang darauf hingewiesen werden, dass es ein „sponsored Post" ist.

2.5.4.14 Linkportfolio bereinigen

Dieser Abschnitt ist besonders für die Unternehmen relevant, die in der Vergangenheit bereits SEO-Agenturen beauftragt haben. Diese Agenturen haben früher exzessiv Linkaufbau durch gekaufte und weitere schädliche Backlinks durchgeführt. Es war eine gängige SEO-Methode, die damals auch Erfolge einbrachte. Doch nachhaltig ist diese Maßnahme nicht – insbesondere heutzutage sind gekaufte Links etc. viel gefährlicher, da Google seine Algorithmen stets optimiert hat und solche Links besser aufspürt. In den folgenden Fällen sollten Sie unbedingt aktiv werden und Links abbauen:

- **Nachricht bzgl. einer manuellen Maßnahme in der Google Search Console:** In der Search Console erhalten Sie eine Information unter „Sicherheit & manuelle Maßnahmen – Manuelle Maßnahmen", wenn Google Ihre Website abgestraft hat. Abgestraft bedeutet in der SEO generell, dass Sie schlechtere Positionen in Google erhalten. Google-Mitarbeiter werden auf eine Website meistens dann aufmerksam, wenn sie eine oder mehrere Spam-Meldungen erhalten. Spam-Meldungen können durch die Seite https://www.google.com/webmasters/tools/spamreport?hl=de gemeldet werden. Darin befindet sich unter anderem die Möglichkeit, Google über gekaufte Links zu informieren.
- **Algorithmische Abstrafung:** Google aktualisiert und verbessert laufend seinen Bewertungsalgorithmus. Größere Updates des Algorithmus werden mitunter als Panda- oder Pinguin-Update bezeichnet. Betrifft ein solches Update eine Website, bricht der Sichtbarkeitsindex dramatisch ein (siehe Abb. 2.33).

Wie ist der Status Ihrer Website?

Sie können die Backlinks für Ihre Website entweder manuell oder von einem Tool überprüfen lassen. Bei einer manuellen Prüfung müssten Sie Ihre Verlinkungen aus einem Tool wie Sistrix, Searchmetrix oder Xovi herunterladen und jeden einzelnen Link beurteilen. Schädliche Backlinks, die Sie unbedingt entfernen sollten, sind:

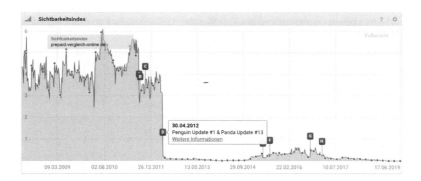

Abb. 2.33 Einbruch des Sichtbarkeitsindex. (Quelle: Sistrix GmbH)

- Artikelverzeichnisse
- Social Bookmarks
- Blogkommentare
- Gastartikel mit dem Keyword im Linktext
- Gästebucheinträge

Diese Aufgabe kann sehr aufwendig sein. Daher empfehle ich Ihnen, ein Tool zu nutzen, das Ihnen die Beurteilung abnimmt. Besonders empfehlenswert ist das Tool linkresearchtools.com (kurz LRT), das auf den Linkauf- bzw. -abbau spezialisiert ist. Aber auch Xovi bietet eine Analysefunktion für den Abbau von Links an.

Prüfen Sie darüber hinaus auch Ihre Linktexte. Üblicherweise verlinken sich Websites durch die Nennung des Unternehmensnamens, der Person oder Domain. Doch in SEO-Kreisen war es damals üblich, Websites mit dem Keyword zu verlinken. Denn mit dem Linktext gibt man an, was die Besucher und Google hinter dem Link erwarten dürfen. Beispielsweise sieht ein Link mit Keyword im Linktext wie folgt aus:

<a href = "https://sensational.marketing">SEO-Agentur</a>

Damit würden wir Google und den Besuchern mitteilen, dass Sensational Marketing mit dem Begriff „SEO-Agentur" in Verbindung steht. Damals hat dies zu besseren Positionen für diesen Begriff geführt. Doch Google konnte mit der Zeit dadurch schnell erkennen, welcher Link von dem Website-Betreiber selbst initiiert wurde. Denn ein natürlich erstellter Link enthält sehr selten ein Keyword.

Überprüfen Sie daher Ihr Linktextprofil in dem SEO-Tool Ihrer Wahl. Dort sollte zum Großteil Ihr Unternehmensname oder die Domain stehen. Ein

A Top-Linktexte	? ⚙
Linktext	Prozent (unt. IPs) ▼
Ferienwohnungen ⊞	18.9%
www.fewo-von-privat.de ⊞	10.3%
Ferienhäuser ⊞	5.8%
http://www.fewo-von-privat.de ⊞	5.1%
Ferienwohnungen von Privat ⊞	5.4%
Fewo von Privat ⊞	5.2%
fewo-von-privat.de ⊞	3.5%
Ferienwohnungen und Ferienhäuser ⊞	3.2%
Ferienwohnung ⊞	2.5%
ferienhäuser ⊞	1.6%

Abb. 2.34   Unnatürliche Linktexte. (Quelle: Sistrix GmbH)

unnatürliches Linktextportfolio finden Sie in Abb. 2.34. Diese Website wurde von Google auch abgestraft.

Wie können Sie Links abbauen?

Erhält Ihre Website schädliche Links? Dann sollten Sie diese abbauen. Im ersten Schritt sollten Sie die Website-Betreiber mit den als schädlich markierten Backlinks anschreiben. Bitten Sie sie, den Link auf Ihre Website zu entfernen. Oft kommt es vor, dass diese erst gar nicht antworten oder sich weigern, den Link zu entfernen. Manche wünschen sich auch eine Bezahlung für die Entfernung. Diese Webseiten müssen Sie selbst an Google melden. Das ist der zweite Schritt. Google bietet durch die Webseite https://www.google.com/webmasters/tools/disavow-links-main die Möglichkeit an, schädliche Links zu melden, sodass Google diese nicht mehr bewertet. Google erwartet dafür eine TXT-Datei, die maximal 2 MB groß und mit UTF-8 oder 7-Bit-ASCII codiert ist. Google gibt auch selbst unter https://support.google.com/webmasters/answer/2648487?hl=de eine Anleitung für die Erstellung und Mitteilung der Disavow-Datei an.

```
# Zwei Seiten für ungültig erklären
https://spam.example.com/inhalte/kommentare.html
https://spam.example.com/inhalte/bezahlte-links.html
# Eine Domain für ungültig erklären
domain:shadyseo.com
```

Wie in diesem Code exemplarisch aufgeführt, können Sie sowohl Unterseiten, auf denen Sie verlinkt wurden, als auch ganze Domains (eingeleitet mit „domain:") entwerten.

Wurde Ihre Website von einer manuellen Maßnahme betroffen? Wie bereits erläutert, sollten Sie dann eine Nachricht in der Google Search Console erhalten haben. Wenn Sie die Links via Disavow-Tool entwertet haben, sollten Sie anschließend eine erneute Überprüfung veranlassen. Klicken Sie dazu in dem Bericht unter „manuelle Maßnahmen" den Button „Überprüfung anfordern" an. Die Prüfung kann bis zu einer Woche dauern – manchmal auch noch länger.

Ihr SEO-Cockpit

Notieren Sie schließlich in Ihrem SEO-Cockpit, welche Fokusthemen Sie einsetzen möchten. Wie viele Artikel werden Sie dieses Jahr publizieren, um sich als Autorität in Ihrer Nische zu etablieren?

Notieren Sie ebenfalls die Elemente zum E-A-T-Aufbau. Wie viele Gastartikel setzen Sie sich als Ziel? Welchen Highlight-Content werden Sie veröffentlichen? Mit einem Redaktionsplan erhalten Sie und Ihre Mitarbeiter bzw. Dienstleister eine Struktur. Es gilt, die Rahmenbedingungen zu schaffen! ◄

Weiterführende Literatur

- Hirschfeld, S. T. von, Josche, T. (2017). Lean Content Marketing: Groß denken, schlank starten. Praxisleitfaden für das B2B-Marketing. Heidelberg: dpunkt.
- Löffler, M. (2019). Think Content!: Content-Strategie, Content-Marketing, Texten fürs Web. Bonn: Rheinwerk.
- Pyczak, T. (2018). Tell me!: Wie Sie mit Storytelling überzeugen. Bonn: Rheinwerk.
- Sens, B. (2017). Schluss mit 08/15-Websites – so bringen Sie Ihr Online-Marketing auf Erfolgskurs: 79 Tipps für Ihren Online-Auftritt. Wiesbaden: Springer Gabler.

2.6   Phase 6: Conversion- bzw. Usability-Optimierung

Das Ziel dieses Buches ist, dass Sie eine SEO-Strategie für Ihr Unternehmen erstellen können – und diese wird Sie zu mehr Website-Besuchern führen. Doch letztlich sind die Besucher allein nichts wert! Sie verfolgen monetäre Ziele, und genau darauf sollte der Fokus Ihrer Website gelegt werden. Diese Ziele erreichen Sie nur durch eine gute Conversion-Rate. Diese sagt aus, wie viele Abschlüsse (Bestellungen oder Anfragen) aus wie vielen Besuchern Sie generieren konnten. Im Internet beträgt die Conversion-Rate durchschnittlich ein bis drei Prozent. In der achten Phase des SEO-Cockpits erfahren Sie, wie Sie diese Kennzahl ganzheitlich erfassen können.

In meinen über zehn Jahren Erfahrung im Bereich Online-Marketing habe ich viele Projekte erlebt, die viele Besucher, aber wenig Umsatz (über die Website) generiert haben. Grund dafür ist, dass eine Website erstellt wird und danach einige Aspekte vernachlässigt werden:

- Die Website wird als einmalige Investition alle vier bis fünf Jahre budgetiert – eine fortlaufende Verbesserung der Website hinsichtlich der Grafik oder der Inhalte erfolgt nicht.
- Das Besucherverhalten (Absprungrate, Verweildauer etc.) wird nicht analysiert.
- Trends werden nicht berücksichtigt.
- Das Mindset vieler Verantwortlicher ist festgefahren – so wird mitunter das aktive Einholen von Bewertungen strikt abgelehnt.
- A/B-Testings werden nicht durchgeführt.
- Texte werden von der Geschäftsführung oder den Mitarbeitern geschrieben, die kein Schreibtalent haben, aber „es müssen ja Texte her" bzw. „das ist sehr themenspezifisch und das kann sonst niemand schreiben".

Sicherlich bin ich bei diesem Thema sehr emotional, doch es liegt mir einfach am Herzen. Als eine Werbekampagne in den Offline-Medien noch sehr teuer und aufwändig war, war diese Vorgehensweise auch sicherlich nachvollziehbar. Doch heutzutage kostet Sie das Austesten eines Live-Chats o. Ä. auf der Website kaum mehr als ein paar Minuten Implementierungszeit.

Impulse für Ihre Website-Optimierung
Doch nicht nur die Conversion-Optimierung ist wichtig. Auch Nutzersignale spielen für die Suchmaschinenoptimierung seit längerer Zeit eine immer größere Rolle. Daher ist die kontinuierliche Verbesserung der Benutzerfreundlichkeit ein wichtiger Bestandteil Ihrer SEO-Strategie.

Letztlich ist es für Sie wichtig, stetig an der Conversion- bzw. Usability-Optimierung zu arbeiten. Eine Website ist nie fertig. Nachstehend finden Sie einige Impulse, die Sie für die Optimierung aufnehmen können.

- Inszenierung der Positionierung aus der ersten Phase
- Im Text mehr auf die Probleme und Wünsche eingehen – was ist Ihre Lösung dafür? Benutzen Sie keine Floskeln, werden Sie konkret.
- Textwüsten durch Bilder und Videos auflockern
- Emotionen durch Fotos von Mitarbeitern schaffen
- Bewertungswidget von Trusted Shops oder Proven Expert prominenter darstellen
- Weitere Awards oder Siegel sichtbarer machen
- Ladezeit verbessern
- Minimalismus: Hintergrundfarbe entfernen und so den Fokus auf die Inhalte setzen

Die Liste kann beliebig erweitert werden. Sie ist für jede Website verschieden – wichtig ist, dass Sie Ihren Traffic analysieren. Wann und warum springen die Besucher ab? Warum bleiben sie nicht länger auf Ihrer Website? Wie können Sie die Usability noch weiter verbessern? Wie können Sie noch mehr Besucher zu Kunden machen? Entwickeln Sie Hypothesen für die Optimierung.

Arbeiten Sie täglich, wöchentlich oder zumindest monatlich an Ihrer Website. Je nachdem, welche zeitlichen Ressourcen Sie zur Verfügung haben, investieren Sie in die Optimierung Ihrer Website. Seien Sie offen für jegliche Optimierungsmöglichkeiten und testen Sie die Wirkung in einem abgesteckten Zeitraum. 79 handfeste Tipps für Ihre Optimierung finden Sie in meinem Buch „Schluss mit 08/15-Websites".

Ihr SEO-Cockpit

Notieren Sie schließlich in Ihrem SEO-Cockpit einige Hypothesen für die Optimierung Ihrer Website. Wodurch könnten Sie die Conversion-Rate bzw. Usability verbessern? ◄

Weiterführende Literatur

- Ash, T. (2013). Landing Pages: Optimieren, Testen, Conversions generieren. Frechen: mitp.
- Beilharz, F., Kattau, N., Kratz, K. (2017). Der Online-Marketing-Manager: Handbuch für die Praxis. Heidelberg: dpunkt.
- Harmanus, B., Weller, R. (2017). Content-Design: Durch Gestaltung die Conversion beeinflussen. München: Carl Hanser.

- Jacobsen, J. (2017). Praxisbuch Usability und UX: Was jeder wissen sollte, der Websites und Apps entwickelt – bewährte Methoden praxisnah erklärt. Bonn: Rheinwerk.
- Jenny, S., Herzberger, T. (2019). Growth Hacking: Mehr Wachstum, mehr Kunden, mehr Erfolg. Bonn: Rheinwerk.
- Sens, B. (2017). Schluss mit 08/15-Websites – so bringen Sie Ihr Online-Marketing auf Erfolgskurs: 79 Tipps für Ihren Online-Auftritt. Wiesbaden: Springer Gabler.
- https://conversionboosting.com/know/wissensdatenbank/
- www.konversionskraft.de

2.7   Phase 7: Technische Optimierung

In der Abb. 2.35 erkennen Sie, was Google sieht: den Quellcode meiner Website bastiansens.de. Google verfügt nicht über eine grafische Ansicht wie wir Menschen, sondern muss sich mithilfe des HTML-Codes den Aufbau und Inhalt der Website erklären. Die Aufgabe des SEOs im Bereich Technik ist es daher, die Website für Google verständlicher zu machen und den Zugang überhaupt zu ermöglichen. Denn in meiner Berufserfahrung im SEO-Bereich habe ich schon vieles erlebt: So wurde von einer Webdesign-Agentur nach dem Relaunch eines Online-Shops einfach vergessen, in den Meta-Tags die Angabe von noindex auf index umzustellen. Dadurch war es Google nicht mehr erlaubt, die Website in den

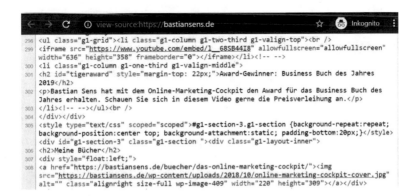

Abb. 2.35   Quellcode von bastiansens.de

Suchmaschinenindex aufzunehmen. Die Folge war, dass der Shop alle Positionen in Google verloren hat.

Ich möchte Ihnen in dieser siebten Phase nur die wichtigsten Aspekte der technischen Suchmaschinenoptimierung aufzeigen. Wie auch die anderen Phasen sollten Sie diese laufend überprüfen und optimieren.

2.7.1 Ladezeit

Auch wenn die Internetverbindung bei Ihnen zu Hause, auf der Arbeit oder auch mobil immer schneller wird, die Website-Inhalte werden gleichzeitig immer umfangreicher. Mittlerweile wollen Sie auch mobil Videos ansehen, ein Bundesliga-Spiel via App schauen oder Ihr Kind will mit seinen Freunden virtuell unterwegs spielen. Dabei stört uns langsames Laden von Inhalten ungemein, es nervt. Und genau das berücksichtigt Google: Es treibt die SEOs an, Inhalte schnell laden zu lassen. Denn Google möchte stets die besten Webseiten weit oben platzieren, und eine gute Webseite lädt eben nicht zehn Sekunden. Die Website sollte höchstens zwei bis drei Sekunden laden. Je schneller, desto besser! Vergleichen Sie Ihre Website einfach mit denen Ihrer Wettbewerber. Nutzen Sie für den Test das Tool Pingdom (https://tools.pingdom.com/). Stellen Sie dort, falls Ihre Zielgruppe in Europa ansässig ist, einen europäischen Standort ein und klicken Sie auf „Start Test". Übrigens sollten Sie diesen Test sowohl für die Startseite als auch für eine Unterseite durchführen. Google bewertet jede einzelne Seite Ihrer Website und vergleicht diese mit Ihren Konkurrenten. Falls also eine Unterseite beispielsweise ein Video bzw. ein größeres Bild enthält, dann sollten Sie speziell diese Seite auch analysieren.

Sollte Ihre Ladezeit über zwei bis drei Sekunden betragen, müssen Sie Optimierungen vornehmen. Bei Pingdom erhalten Sie nach Ihrem Test unter dem Reiter „Performance Insights" direkt Optimierungshinweise. Die rot markierten Punkte sollten Sie an Ihren Programmierer übergeben. Eine weitere gute Quelle möglicher Optimierungspunkte der Ladezeit ist das Google-eigene Tool „Pagespeed Insights": https://developers.google.com/speed/pagespeed/insights/ – geben Sie dort Ihre URL ein und erhalten Sie umgehend Optimierungshinweise. Auf einer Skala von 0 bis 100 wird Ihre Pagespeed für die mobile und Desktop-Version ausgegeben. Sie ist nicht direkt als Bewertungskriterium von Google anzusehen. Letztlich zählt die Ladezeit in (Milli-)Sekunden. Und hierbei gilt: Je schneller, desto besser.

HTTP/2

HTTP (Hypertext Transfer Protocol) ist ein Übertragungsprotokoll, wodurch Client und Server miteinander kommunizieren können. Damit wird eine Webseite aus dem Internet an den Browser des Nutzers übermittelt. Seit 1999 galt http/1.1 als Standard-Protokoll. Die Ansprüche an die Datenübertragung sind allerdings stetig gewachsen. Deshalb wurde das neue **HTTP/2** Protokoll entwickelt. HTTP/2 ist der Nachfolger von HTTP/1.1 und basiert auf dem von Google entwickelten SPDY-Protokoll.

Langfristig soll HTTP/1.1 durch HTTP/2 abgelöst werden und sich als Standard etablieren. Zunächst stellt die neue Version nur eine Alternative dar. Sie gewährleistet durch Abwärtskompatibilität, dass auch Browser, die dieses Protokoll nicht unterstützen, Webseiten über HTTP/1.1 laden. HTTP/2 wird jedoch bereits von 94%der Browser weltweit unterstützt, sodass eine Abwärtskompatibilität kaum mehr notwendig ist.

Der große Vorteil von HTTP/2 ist, dass die Geschwindigkeit, Effizienz und Sicherheit der Datenübertragung verbessert werden. HTTP/1.1 lädt die unterschiedlichen Seitenelemente, wie JS-, CSS- und Bilddateien, in mehreren TCP-Verbindungen. Bei HTTP/2 werden mehrere Daten parallel über nur eine Verbindung übertragen, wodurch die Ladezeit deutlich beschleunigt wird.

Der Umstieg auf HTTP/2 ist oftmals schnell erreicht. Viele Webhoster haben das Protokoll bereits aktiviert – machen Sie einfach einen Test, ob HTTP/2 für Ihre Website aktiv ist: https://tools.keycdn.com/http2-test. Falls nicht, kontaktieren Sie bitte Ihren Hoster.

2.7.2   Semantische Auszeichnung

Wie bereits eingangs beschrieben, sieht Google nur den Quellcode einer Website. Überschriften kann Google also nicht anhand einer größeren Schriftart oder einer anderen Schriftfarbe erkennen. Deshalb gibt es in der HTML-Programmiersprache ähnliche Deklarationen wie in Microsoft Word mit Überschrift eins, zwei, drei usw., nur dass die Deklarationen in HTML h1, h2, h3 etc. lauten. Dabei gilt: Es darf auf jeder Unterseite nur eine Hauptüberschrift, also h1, geben. Danach können Sie so viele andere Überschriften definieren, wie Sie möchten. Wichtig: Halten Sie dennoch die Reihenfolge ein, es darf keine Hierarchieebene übersprungen werden! Nach h1 folgt h2. Anschließend können Sie beliebig viele Überschriften als h2 taggen und auch Unterkapitel mit h3

deklarieren. Die Definition der Überschriften im Inhalt können Sie mit Ihrem
Content-Management-System einfach vornehmen.

Neben den Überschriften können Sie auch weitere Inhalte für Google verständlich machen. So ist der Preis eines Produkts für Google eigentlich nur
eine Zahl. Doch um dies der Suchmaschine verständlich zu machen, gab es bis
vor einigen Jahren keine Möglichkeit. Weder in HTML noch in einer anderen
Programmiersprache. Deshalb haben sich Google, Bing & Co. auf einen Standard
geeinigt, den sie auf Schema.org publiziert haben. Dies ist ein Regelwerk, wie
Programmierer und SEOs Inhalte für Google verständlich machen können.

Beispiel: Einen Preis für Google verständlich machen

```
<script type="application/ld+json">
{
"@context": "https://schema.org/",
"@type": "Product",
"name": "Gritzner 788",
"offers": {
"@type": "Offer",
"priceCurrency": "EUR",
"price": "249"
}
}
</script> ◄
```

Durch diese kleine Erweiterung des HTML-Codes versteht Google nun,
dass diese Zahl der Preis für ein Produkt ist. Ihr Programmierer kann diese
Erweiterungen für sämtliche Inhalte auf Ihrer Website vornehmen. Folgende
Erweiterungen sind besonders wichtig:

- Breadcrumb[1] (https://schema.org/BreadcrumbList)
- Kontaktdaten Ihres Unternehmens (https://schema.org/LocalBusiness)

---

[1]Die Breadcrumb ist eine sekundäre Navigation, die dem Website-Besucher anzeigt, wo er
sich derzeit befindet. Üblicherweise wird die Breadcrumb eingeleitet mit „Sie befinden sich
hier:".

Weitere Ideen zum Markieren von Inhalten erhalten Sie von dem Tool https://technicalseo.com/tools/schema-markup-generator/. Es generiert Ihnen auch direkt einen Code für Ihren Programmierer, den er nur noch auf Ihrer Website einsetzen muss.

2.7.3   Die neuen Nofollow-Tags

Mit dem Nofollow-Tag gab es in der Vergangenheit eine einfache Methode, Google anzuweisen, dem internen oder externen Link nicht zu folgen und ihn damit nicht zu bewerten. Solch ein Link sah im HTML-Code folgendermaßen aus:

<a href = "https://domain.de/seite/" rel = "nofollow">Linktext</a>

2019 hat Google das Nofollow-Tag erweitert, wodurch noch spezifischere Informationen an die Suchmaschine übermittelt werden können.

- **rel = „sponsored"**: Bezahlte Links können damit markiert werden
- **rel = „ugc"**: Für das Markieren von nutzergenerierten Inhalten, wie Links aus Kundenbewertungen, Blogkommentaren und Forenbeiträgen

Das Nofollow-Tag existiert neben diesen beiden neuen Möglichkeiten auch weiterhin. Sie brauchen also nicht sofort alle Links in den Inhalten zu ändern. Sollten Sie ein Online-Magazin o. Ä. betreiben, auf dem Werbung geschaltet wird, dann ändern Sie Links in rel = „sponsored". Die Blogkommentare können Sie auch relativ einfach in dem Template Ihres Blogsystems in rel = „ugc" ändern lassen.

▶   **Übrigens** Wenn Sie rel = „nofollow" oder die neuen Nofollow-Tags weglassen, entsteht ein Follow-Link. Google wird dann dem Link folgen. Sie vererben dadurch Vertrauen an die verlinkte Seite.

2.7.4   Indexierbarkeit

Mithilfe von bestimmten Anweisungen können Sie Google mitteilen, ob bestimmte Unterseiten und Verzeichnisse in die Datenbank (der Index) aufgenommen werden dürfen – oder nicht. Sie haben es in der Hand. Sie können auf zwei verschiedenen Wegen die Indexierung beeinflussen:

1. **Meta-Robots:** Im HTML-Quellcode Ihrer Website können Sie im Head-Bereich folgende Angabe machen: <meta name="robots" content="noindex, follow">. Dadurch wird eine einzelne Seite von der Indexierung von Google ausgenommen.

2. **robots.txt-Datei:** Diese ist stets mit der Erweiterung robots.txt erreichbar, zum Beispiel https://bastiansens.de/robots.txt. Dort können Sie die ganze Domain, Verzeichnisse oder Dateien von der Indexierung ausschließen. Oft sehen Sie in der robots.txt folgenden Inhalt:
   - User-agent: *
   - Disallow:
   - In der ersten Zeile definiert man den User-Agent. Mit dem Sternchen werden alle Bots, wie Google, angesprochen. Mit Disallow und dem freien Feld dahinter wird nichts verboten. Alle Bots dürfen auf alle Inhalte zugreifen. Mit folgender Anweisung würden wir nur dem Googlebot den Zugriff auf die Bilder einer Website verbieten:
   - User-agent: Googlebot
   - Disallow: /images/

Stellen Sie sich bei der Unterseite oder zumindest jedem Bereich Ihrer Website die Frage: Bietet diese Seite dem Besucher einen Mehrwert? Ich gebe Ihnen ein Beispiel, welches die Fragestellung konkretisieren soll: In meinem Blog auf sensational.marketing existieren Tag-Seiten. Zu jedem Blogartikel kann man in Wordpress Schlagwörter angeben und zu diesen Tags werden jeweils Unterseiten, wie https://sensational.marketing/blog/tag/ziele/, angelegt. Diese stellen jedoch keinen Mehrwert für die Besucher dar. Deshalb habe ich die Tag-Seiten auf noindex gestellt. Das hat den Vorteil, dass Google dadurch mehr Zeit für die Indexierung und Bewertung meiner anderen Unterseiten verwenden kann. Denn Google weist jeder Domain ein sogenanntes Crawl-Budget zu. Wenn dieses aufgebraucht ist, werden eventuell manche Unterseiten erst gar nicht indexiert. Deshalb ist es essenziell, dass Sie unwichtige Unterseiten oder Bereiche von der Indexierung ausnehmen. Hingegen sollten Sie darauf achten, dass für Sie wichtige Unterseiten vom Crawling nicht ausgeschlossen werden.

Achtung bei einem Relaunch

Insbesondere vor einem Relaunch passieren die größten Fehler, und davor möchte ich Sie bewahren. Denn der größte Fehler, der passieren kann, ist das Deindexieren Ihrer Website. Das heißt, dass Google nicht mehr auf Ihre Website zugreifen darf und Sie aus der Suchmaschinendatenbank wirft. Achten Sie daher unbedingt auf die folgenden beiden Bereiche direkt nach dem Live-Gang:

1. Gehen Sie in den HTML-Quellcode und suchen Sie weit oben die Zeile <meta name="robots" content="index, follow">. Sollte dort „noindex" stehen, lassen Sie es schnell auf „index" stellen.
2. Rufen Sie Ihre Website auf und fügen Sie „robots.txt" hinzu, zum Beispiel https://bastiansens.de/robots.txt. Finden Sie dort eine Zeile „Disallow: /", dann sollten Sie diese Zeile entfernen lassen. Das bedeutet üblicherweise, dass Suchmaschinen auf alle Inhalte nicht zugreifen dürfen.

2.7.5 Duplicate Content

Den gleichen Text sowohl auf der HTML-Seite als auch in einem PDF-Dokument aufzuführen, klingt erst einmal nicht dramatisch. Doch für Google bedeutet es den doppelten Aufwand, um die Seiten zu bewerten und ggf. zu indexieren. Der doppelte Aufwand schlägt sich natürlich in Ressourcen nieder – sodass die Kosten für Google erheblich steigen. Darüber hinaus möchte Google eine gewisse Vielfalt in den Suchergebnissen herstellen. Durch diese Vielfalt sollen bessere Suchergebnisse resultieren und deshalb sind Google duplizierte Inhalte ein Dorn im Auge.

In den folgenden Fällen wird duplicate Content produziert:

- Sie haben einen Beitrag von extern bzw. intern kopiert.
- Ihr Website-System generiert automatisch paginierte Seiten (wie in dem folgenden Beispiel, siehe Abschn. 2.7.5.1), und die Inhalte sind überwiegend doppelt.
- Ihr Online-Shop führt Filterseiten auf, bei denen sich die URLs ändern und der Kategorietext erhalten bleibt.
- Die Startseite ist über mehrere URLs erreichbar: www.domain.de, domain.de, domain.de/index.php usw.
- Ihre Unterseiten sind mit und ohne trailing Slash erreichbar: domain.de/unterseite/ und domain.de/unterseite.
- Ihre Inhalte werden auch von externen Websites verwendet (zum Beispiel Produktbeschreibungen).

Die Content-Management-Systeme können sehr schnell solch duplizierten Inhalt erstellen. Deshalb müssen Sie bei einem Relaunch oder Ihrem bestehenden System den Status quo prüfen und anschließend potenziellen duplicate Content beheben. Am einfachsten ist der Einsatz eines SEO-Tools wie Ryte oder Xovi. Diese geben Ihnen umgehend an, an welchen Stellen doppelte Inhalte gefunden wurden.

Abb. 2.36 Duplicate Content Prüfung in Ryte. (Quelle: Ryte GmbH)

Ryte

Das SEO-Tool Ryte (de.ryte.com) können Sie für bis 100 Unterseiten kostenlos nutzen. Das ist ein guter Anfang, um die Funktionen auszutesten. Eine nützliche Analysemöglichkeit ist die Duplicate-Content-Prüfung. In Ryte geben
Sie anfangs Ihre Domain an, die anschließend hinsichtlich inhaltlicher und
technischer SEO-Kriterien untersucht wird. Nach kurzer Zeit finden Sie in dem
Tool eine Übersicht über mögliche Optimierungsmaßnahmen, inklusive der
Erklärungen. Die Duplicate-Content-Analyse finden Sie in Ryte unter „Website Success – Inhalt – Duplicate Content – Duplikate" (Abb. 2.36). Sollten Sie
doppelte Inhalte auf Ihrer Website haben, zeigt Ihnen das Tool sowohl grafisch als
auch darunter in Tabellenform mögliche Optimierungsbereiche an.

Ähnliche Analysemöglichkeiten bieten Ihnen die SEO-Tools Sistrix und Xovi an.

▶   **Zusatztipp: Produktbeschreibungen** E-Commerce-Unternehm
    en mit sehr vielen Produkten sehen in der Texterstellung einen fast
    unmöglich stemmbaren Zeitaufwand. Das ist verständlich. Doch
    möchten sie mit ihrem Online-Shop auch in Google gefunden
    werden. Das ist jedoch beinahe unmöglich, wenn diverse
    Online-Shops mit den gleichen Produkten auch die gleichen
    Beschreibungstexte aufführen. Für diese Herausforderung kann
    der Einsatz einer Machine-Learning-Software sinnvoll sein. Unter
    anderem setzen Unternehmen wie OTTO oder Home24 auf das
    deutsche Tool von AX Semantics (https://de.ax-semantics.com/).

2.7.5.1 Canonical tag

Eine weitere Möglichkeit,die Indexierung zu beeinflussen und duplicate Content
zu bekämpfen, stellt das canonical tag dar. Dieses wird im Head-Bereich Ihres
Programmiercodes angegeben:

<link rel="canonical" href="https://sensational.marketing/seo-strategie/">
Das canonical-tag wird für jede Unterseite individuell angegeben. Die heutigen Content-Management-Systeme erledigen das im ersten Schritt für Sie automatisch. Sie müssen lediglich das System konfigurieren. Mit dem canonical tag teilen Sie der Suchmaschine mit, welche Seite das Original ist. Sicherlich kennen Sie das auch: Wettbewerber kopieren gerne einmal Texte oder intern finden wir den gleichen Text auf zwei Unterseiten.

Ein Beispiel: Durch den Einsatz eines Content-Management-Systems wie Wordpress oder TYPO3 oder eines Shopsystems werden oftmals dynamisch weitere Unterseiten erstellt. Diesen Fall hatten wir beispielsweise bei unserem Kunden Nähszene, der einen spezialisierten Online-Shop für Nähmaschinen betreibt. Wir optimieren dabei die Kategorie https://www.naehszene.de/Naehmaschinen/Bernina/ auf das Keyword „Bernina Nähmaschinen", doch gibt es aufgrund der vielen Produkte auch eine zweite Seite für die Bernina-Nähmaschinen: https://www.naehszene.de/Naehmaschinen/Bernina/2/. Das Problem war, dass auf dieser Seite der gleiche Text wie auf https://www.naehszene.de/Naehmaschinen/Bernina/ stand (siehe Abb. 2.37). Das Shopsystem OXID hat dies automatisch generiert. Doch das ist ein großes Problem, denn doppelte Inhalte sind für das Ranking in Google schädlich. Daher gab es zwei Möglichkeiten: Entweder musste die Programmierung so geändert werden, dass der Text nur auf https://www.naehszene.de/Naehmaschinen/Bernina/ stand, oder es musste auf https://www.naehszene.de/Naehmaschinen/Bernina/2/ im Header (im Programmiercode, nicht sichtbar für die Besucher) das canonical tag eingesetzt werden. Mit dem canonical tag konnten wir der Suchmaschine angeben, dass diese Seite eine Kopie von dem Original https://www.naehszene.de/Naehmaschinen/Bernina/ ist. Gleichzeitig haben wir beim Original im Header die gleiche Angabe gemacht: <link rel="canonical" href="https://www.naehszene.de/Naehmaschinen/Bernina/">.

Abb. 2.37   Textabschnitt auf naehszene.de. (Quelle: Nähszene I TURM-Stoffe GmbH o. J.)

2.7.5.2 Weiterleitungen

Die Weiterleitungen werden von Website-Besuchern kaum wahrgenommen. Für Website-Betreiber sind sie jedoch extrem wichtig. Mit den Redirects können Sie nicht mehr existente auf passende Unterseiten weiterleiten. Bei Online-Shops lassen sich die URLs von älteren Schuhmodellen auf die neuen weiterleiten. Doch insbesondere wenn Sie die URLs umbenennen und diese gute Positionen haben, sollten Sie die alten auf die neuen URLs weiterleiten. Das hat HRS 2014 bei einem Website-Relaunch verpasst. Sie haben die URL-Struktur geändert und vergessen, die Weiterleitungen zu setzen. Dadurch ist die Sichtbarkeit in Google fast auf null gesunken, für Begriffe wie „Hotels Berlin" ist hrs.de von einer Top-3-Position raus aus den Top-100-Suchergebnissen geflogen. Der Besuchereinbruch musste dramatisch sein.

Für die Bekämpfung von duplicate Content sind Redirects ebenfalls sehr wichtig. Ich gebe Ihnen ein Beispiel: Zuletzt habe ich aus dem Blogartikel zu meinem Buch „Das Online-Marketing-Cockpit" eine Kurzfassung auf https://sensational.marketing/blog/online-marketing-strategie-entwickeln/   publiziert. Mein Wunsch war es jedoch, gemäß dem Abschn. 2.5 eine Informationsarchitektur für den Begriff „Online-Marketing-Strategie" aufzubauen. In dem Content-Management-System Wordpress habe ich daher eine neue Seite erstellt, den Blogartikel reinkopiert und unter der URL https://sensational.marketing/online-marketing-strategie/ publiziert. Zu der Zeit bestand duplicate Content, da der gleiche Inhalt unter zwei verschiedenen URLs erreichbar war. Daher musste ich eine Weiterleitung einrichten. Das hätte ich in der .htaccess-Datei umsetzen können, die auf dem Server abgelegt wird. In dieser können diverse Konfigurationen wie die Weiterleitungen vorgenommen werden. Das hätte mit folgenden Zeilen funktioniert:

```
RewriteEngine On
Redirect   301   /blog/online-marketing-strategie-entwickeln/
https://sensational.marketing/online-marketing-strategie/
```

Die einfachste Lösung war jedoch für mich, das Wordpress-Plugin „Redirection" zu nutzen. Damit können leicht neue Weiterleitungen im Backend eingestellt und administriert werden (Abb. 2.38).

Für die Weiterleitung einer URL können Sie zwei verschiedene Codes verwenden. Diese Codes nimmt Google als Information auf:

- 301 Moved Permanently: Die URL wird dauerhaft weitergeleitet.
- 302 Moved Temporarily: Die URL wird nur temporär weitergeleitet. Sie ist in Kürze wieder erreichbar.

URL-Quelle	/blog/online-marketing-strategie-entwickeln/
Query Parameters	Genaue Übereinstimmung aller Parameter in beliebiger Rei ⌄
Ziel-URL	/online-marketing-strategie/
Gruppe	Redirections ⌄

Abb. 2.38 Weiterleitung einrichten auf sensational.marketing

Wenn zum Beispiel ein Produkt kurzzeitig nicht verfügbar ist, können Sie die URL per 302-Code auf ein anderes Produkt weiterleiten. In den meisten Fällen sollten Sie jedoch den 301-Code verwenden. Generell existiert für fast jedes System ein Plugin oder Modul, mit dem Sie die Weiterleitungen administrieren können.

2.7.6   URLs

Sprechende URLs waren vor fünf bis acht Jahren noch ein großes Thema im SEO-Bereich, doch heute ist es selbstverständlich, dass die URLs nicht https:// bastiansens.de/?id=73 lauten, sondern https://bastiansens.de/seminare/seo-seminar/. Beachten Sie lediglich, dass das Hauptkeyword in der URL enthalten ist.

Sie müssen das Keyword jedoch nicht zwingend direkt in der Unterseiten-URL unterbringen. Stattdessen können Sie Ihr Keyword durch eine Verzeichnisstruktur in die URL einbinden, indem Sie die Ordner entsprechend benennen. Zalando beispielsweise hat für das Keyword „Nike Air Max Herren" folgende URL gewählt: https://www.zalando.de/nike-air-max/herren/. Sicherlich hätte die URL auch https://www.zalando.de/nike-air-max-herren/ (Herren nicht in einem zweiten Verzeichnis) lauten können, doch hat Zalando clever auf eine tiefere Struktur gesetzt, um so auch auf Nike Air Max Damen bzw. Kinder zu optimieren. Konkret: Sie brauchen die URL der Unterseite nicht zwingend hinsichtlich des Keywords zu benennen, sondern können dies auch durch die Verzeichnisstruktur umsetzen.

URL-Endungen
Mit dem Ziel, für Google eine verständliche Informationsstruktur zu übermitteln, empfehle ich Ihnen, auf HTML-Endungen zu verzichten. Nutzen Sie URLs mit trailing Slashs, wie https://www.zalando.de/nike-air-max/herren/. Andernfalls würden Sie beispielsweise folgende URLs haben:

https://www.zalando.de/nike-air-max.html

https://www.zalando.de/nike-air-max/herren.html

Dadurch kann Google sehr schwer erkennen, dass herren.html zu nike-air-max.html gehört. In der zweiten URL https://www.zalando.de/nike-air-max/herren.html steht nämlich eine für Google neue Seite /nike-air-max/. Setzen Sie daher besser auf URLs mit trailing Slashs, wie https://www.zalando.de/nike-air-max/herren/. Dabei wird die Struktur für Google und Ihre Besucher erkennbar.

2.7.7   Interne Verlinkung

Die interne Verlinkung ist ein oft vernachlässigter Bereich der SEO. Sie können noch so gute Inhalte haben – ohne eine interne Verlinkung werden die Unterseiten kaum gute Positionen erreichen. Erst die interne Verlinkung zeigt Google, wie wichtig Ihnen eine Unterseite ist. Es genügt also nicht, eine Landingpage für Google zu erstellen und diese nirgends zu verlinken. Für Google Ads ist das vollkommen in Ordnung, die Landingpages brauchen Sie nicht intern zu verlinken. Aber falls diese für SEO wirksam sein sollen, dann müssen Sie sie intern verlinken.

Sie können Ihre Unterseiten über vier verschiedene Wege aktiv intern verlinken:

- Navigationsmenü
- Breadcrumb
- Text
- Footer

Angenommen, Sie möchten auf ein Keyword optimieren, welches jedoch nicht direkt zu Ihnen passt. In dem Fall der Hotels „Villa am Ruhrufer" ist das beispielsweise das Keyword „Messehotel Essen". Unser Kunde wollte zu dem Keyword unbedingt gefunden werden, allerdings befindet sich das Hotel in Mülheim an der Ruhr. Unmöglich, darauf zu optimieren? Mitnichten! Wir haben eine Unterseite mit einem optimierten Text erstellt und diese Seite im Footer verlinkt, da sie in der Hauptnavigation nicht erscheinen soll. Es passt einfach nicht so gut ins Navigationskonzept. Dennoch wollte der Kunde seine Reichweite erhöhen, und das haben wir mit dieser Unterseite und entsprechend guten Google-Positionen erreicht.

Unterseiten, die gut zu Ihrem Geschäfts- und Navigationskonzept passen, können Sie in dem Navigationsmenü und in den Website-Texten intern verlinken.

Beachten Sie jedoch, dass eine Verlinkung in den Texten oft hervorgehoben und dadurch der Lesefluss unterbrochen wird. Sie sollten daher zum Beispiel bei 300 Wörtern Text nicht mehr als vier Verlinkungen einbauen. Wenn Sie die Seiten ohnehin schon im Navigationsmenü oder im Footer verlinkt haben, brauchen Sie die Seiten nicht auch noch im Text zu verlinken – außer, Sie möchten die Besucher dorthin lenken (zum Beispiel zum Kontaktformular).

In Abschn. 2.5.1 haben Sie Ihre Informationsarchitektur entwickelt. Anhand der URL-Struktur kann Google den Zusammenhang zwischen den Unterseiten verstehen. Wichtig ist für Sie, dass Sie die Unterseiten, die zu einem Hauptthema gehören, intern sehr gut verlinken. Sie können auf der Seite des Hauptthemas bereits viele dazu gehörige Seiten verlinken. Doch auch von den darunter liegenden Seiten sollten Sie weitere interne Links setzen. Das können Sie in oder unter dem Text machen.

Im E-A-T-Aufbau haben Sie gelernt, dass externe Links keine keywordbezogenen Linktexte enthalten sollten. Bei internen Links ist es genau umgekehrt: Setzen Sie unbedingt in den internen Links Ihre Keywords ein!

SEO-Tools zur Analyse der internen Verlinkung
Wie ist der Status Ihrer internen Links? Das können Sie mithilfe der bekannten SEO-Tools untersuchen. Ryte, Xovi & Co. sind nützlich, um einen schnellen Überblick zu erhalten: Zu welchen Unterseiten benötigt der Besucher mehr als drei Klicks von der Startseite aus? Welche Unterseiten erhalten zu wenige interne Links?

In der Abb. 2.39 sehen Sie die Verteilung des internen Pageranks in dem SEO-Tool Xovi. Der Pagerank gibt die Wichtigkeit eines Dokumentes an. Je höher der Wert, desto besser. Er impliziert also, wie häufig ein Dokument intern verlinkt wurde. Wichtige Unterseiten sollten hier unbedingt einen Pagerank-Wert von über 81 % haben. Sollte der Pagerank für eine Unterseite unter 81 % liegen, sollten Sie überlegen, ob Sie die Seite in das Navigationsmenü im Kopfbereich oder im Footer aufnehmen können. Andernfalls sollten Sie die Unterseite häufiger in den Texten verlinken. Besonders wichtige Webseiten sollten unbedingt von der Startseite aus verlinkt werden, da diese meistens die stärkste Seite Ihrer Internetpräsenz darstellt.

2.7.8   Sitemaps

Eine Sitemap ist nichts anderes als das Inhaltsverzeichnis Ihrer Website. Davon gibt es zwei Versionen: Die eine ist für Ihre Website-Besucher (HTML-Sitemap)

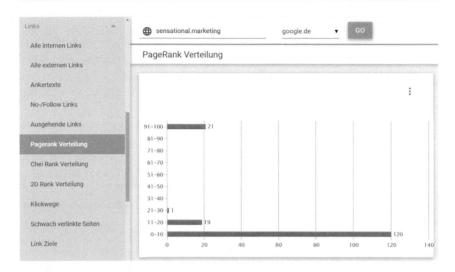

Abb. 2.39 Interner Pagerank von Xovi zur Beurteilung der internen Verlinkung. (Quelle: Xovi GmbH)

und die andere sieht lediglich Google (XML-Sitemap). Diese beiden Sitemaps stelle ich Ihnen nun vor.

HTML-Sitemap
Die HTML-Sitemap dient im Kern Ihren Website-Besuchern, um sich auf Ihrer Internetpräsenz zu orientieren. Insbesondere umfangreiche Websites mit vielen Unterseiten oder Kategorien bedienen sich gerne dieser HTML-Sitemap. Falls Sie ein Content-Management-System (CMS) wie TYPO3 oder Wordpress nutzen, können Sie diese Sitemap leicht durch ein Plugin erzeugen und fortlaufend aktualisieren lassen. Empfehlenswerte Plugins dafür finden Sie in dem jeweiligen SEO-E-Book auf https://sensational.marketing/downloads/.

Für SEO hat die HTML-Sitemap den Vorteil, dass die interne Verlinkung gefördert wird. Jede Unterseite, die Sie in der Sitemap aufführen, erhält einen internen Link, und mit internen Links zeigen Sie Google die Wichtigkeit einer einzelnen Unterseite. Ich mache es Ihnen noch deutlicher: Durch die vermehrte interne Verlinkung steigt das Potenzial, dass die verlinkten Unterseiten in Google bessere Positionen erreichen. Üblicherweise wird die HTML-Sitemap im Footer (ganz unten auf Ihrer Website) verlinkt. Eine beispielhafte HTML-Sitemap finden Sie auf https://www.peddy-shield.de/sitemap.html.

XML-Sitemap

Zusätzlich zur HTML-Sitemap sollten Sie eine XML-Sitemap erstellen. Denn mithilfe der XML-Sitemap kann Google schnell und einfach alle Unterseiten Ihrer Website aufspüren und in den Index (die Datenbank der Suchmaschine) aufnehmen. Damit ist Ihre Unterseite schneller in Google auffindbar. Insbesondere bei News-Portalen ist die XML-Sitemap ein Muss. Doch auch kleinere Websites ohne minütlich erscheinende Artikel sollten eine XML-Sitemap aufführen. Der Grund ist: Google stellt Ihrer Website ein gewisses Zeitbudget zur Verfügung, um neue Unterseiten oder sonstige Änderungen zu finden. Ihre Website wird regelmäßig von Google bewertet. Schade wäre es nur, wenn Google nie auf Ihre wichtigen Unterseiten gelangt, um dort Ihre Optimierungen zu erkennen. Deshalb sollten Sie Ihr sogenanntes Crawl-Budget von Google bestmöglich ausnutzen und Google lenken. Sie entscheiden, welche Unterseiten wie häufig und mit welcher Priorität angesteuert werden. Das können Sie mithilfe der XML-Sitemap umsetzen.

Die XML-Sitemap wird auf Ihrer Website nie sichtbar, sie wird einfach auf Ihrem Webserver hochgeladen, sodass diese üblicherweise unter der URL www. ihrewebsite.de/sitemap.xml erreichbar ist. Die XML-Sitemap können Sie, wie auch die HTML-Sitemap, mithilfe eines Plugins erstellen. Empfehlenswerte Plugins für die meistgenutzten CMS TYPO3, Contao und Wordpress finden Sie in dem jeweiligen SEO-E-Book auf https://sensational.marketing/downloads/. Nutzen Sie ein anderes CMS, können Sie auch manuell die Sitemap mittels https:// www.xml-sitemaps.com/ erstellen und auf Ihren FTP-Server hochladen. Eine beispielhafte XML-Sitemap ist https://sensational.marketing/page-sitemap.xml.

Achten Sie dabei auf folgende Punkte:

- **Location:** Vollständige URL der Unterseite
- **Letztes Änderungsdatum:** Wann wurde die Seite zuletzt aktualisiert? Das füllt das Plugin oder das Tool von xml-sitemaps.com bei der Einstellung „Use Server-Response" automatisch aus.

Auf der Website meiner Agentur nutzen wir Wordpress als CMS und Yoast als SEO-Plugin. Dieses Plugin erstellt automatisch eine XML-Sitemap – aufgeteilt nach Seitentypen. Auf der Seite https://sensational.marketing/sitemap_index. xml wird eine Index-Sitemap erstellt, in der sämtliche XML-Sitemaps aufgeführt werden. Aktuell wird bei uns zwischen Blogbeiträgen, Seiten und Blogkategorien unterschieden. Zu jedem Seitentyp wird eine XML-Sitemap aufgeführt, wie nachstehend zu den Pages unter https://sensational.marketing/page-sitemap.xml (Abb. 2.40).

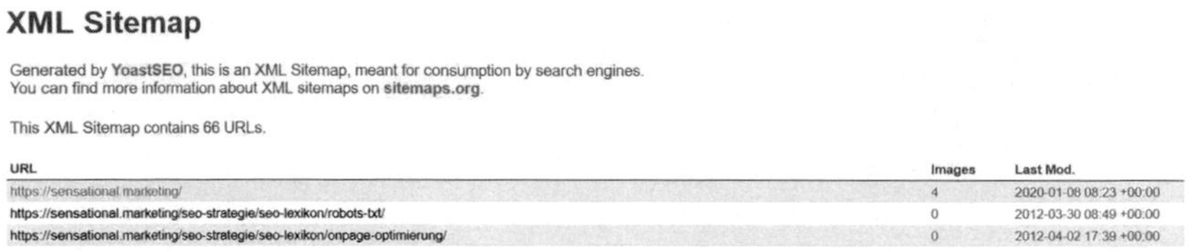

XML Sitemap

Generated by YoastSEO, this is an XML Sitemap, meant for consumption by search engines.
You can find more information about XML sitemaps on sitemaps.org.

This XML Sitemap contains 66 URLs.

URL	Images	Last Mod.
https://sensational.marketing/	4	2020-01-08 08:23 +00:00
https://sensational.marketing/seo-strategie/seo-lexikon/robots-txt/	0	2012-03-30 08:49 +00:00
https://sensational.marketing/seo-strategie/seo-lexikon/onpage-optimierung/	0	2012-04-02 17:39 +00:00

Abb. 2.40 XML-Sitemap von sensational.marketing. (Quelle: Sensational Marketing GmbH)

2.7.9 Open Graph Tags

Kennen Sie auch das Phänomen, dass einige geteilte Beiträge in Facebook ein Bild beinhalten und manche nicht? Oder es wurde ein Bild vorgeschlagen, welches nicht zum Beitrag passt? Das kann oftmals daran liegen, dass keine Open Graph Tags auf der Website im HTML-Code integriert sind. Denn erst mit den Open Graph Tags geben Sie den Social-Media-Portalen an, welches Bild welchen Beschreibungstext und welchen Titel der geteilte Beitrag beinhalten soll. Letztlich möchten Sie eine hohe Klickrate auf Ihren Beitrag erhalten und gegebenenfalls auch für Twitter ein individuelles Bild publizieren.

Die Open Graph Tags können Sie einfach in Ihre Website integrieren, indem Sie in Ihrem Header folgende Zeilen einbauen:

```
<meta property="og:title" content=" " /> (dies sollte
standardmäßig der Meta Title sein)
<meta property="og:type" content="website" />
<meta property="og:url" content=" " /> (standardmäßig die
aktuelle URL verwenden)
<meta property="og:image" content=" " /> (standardmäßig
erstes Bild verwenden)
<meta property="og:description" content=" " /> (standardmäßig
die Meta Description nutzen)
```

In Klammern habe ich Ihnen die standardmäßige Verwendung hinzugeschrieben. Optional sollten Sie in Ihrem CMS die Möglichkeit haben, die Inhalte zu verändern, um die Klickraten auf den Social-Media-Portalen zu verbessern.

▶ **Zusatztipp: Facebook-Cache löschen** Falls Facebook die ver-
alteten Open Graph Tags verwendet, können Sie den Facebook-
Cache löschen. Dazu rufen Sie die Seite https://developers.
facebook.com/tools/debug/sharing/ auf und geben Ihre URL ein.

2.7.10 SSL-Zertifikat

Die SSL-Zertifikate werden spätestens seit der Anwendung der Datenschutzgrund-
verordnung (kurz DSGVO) nahezu flächendeckend auf Websites eingesetzt. Denn
die DSGVO schreibt vor, dass wenn ein Websitebetreiber persönliche Daten des
Besuchers erhält, diese verschlüsselt übertragen werden müssen. Doch auch schon
vor der neuen Grundverordnung hat Google das Thema Internetsicherheit voran-
getrieben. Bereits 2014 äußerte der Google Mitarbeiter Johannes Müller in einem
Webmaster-Hangout, dass verschlüsselte Websites Rankingvorteile gegenüber http-
Seiten haben (Google 2014). Auch wenn es nur ein kleiner Faktor des Bewertungsalgorithmus ist, sollten Sie ein SSL-Zertifikat einsetzen. Welche Variante eines
SSL-Zertifikats, wie das EV-SSL-Zertifikat, spielt für das Ranking keine Rolle.

Ein SSL-Zertifikat erhalten Sie bei Ihrem Webhoster. Kleinere Websites
können den Dienst https://letsencrypt.org nutzen. Let's Encrypt ist eine kostenlose
und offene Zertifizierungsstelle, die von Google, Facebook und weiteren
Großunternehmen unterstützt wird.

▶ **Wichtig** Leiten Sie unbedingt Ihre http-Version auf die https-URL
weiter. Ansonsten produzieren Sie duplicate Content, was wiederum
zu Rankingverlusten führen kann.

2.7.11 404-Fehlerseite

Mit der Zeit können Fehler auf Websites entstehen. Produkte werden entfernt, Blogartikel gelöscht oder die URL-Struktur wird geändert. Manche
Unterseiten verlinken diese alten Produkte oder URLs jedoch weiterhin,
wodurch Besucher und der Google-Crawler auf eine Fehlerseite stoßen.
Solch eine 404-Fehlerseite sehen Sie in der Abb. 2.41 von hydrobar.de –
dem Spezialisten für Hydraulik-Service. Sie ist ansprechend gestaltet und
informiert die Besucher darüber, dass die angeforderte Seite nicht mehr
existiert.

Abb. 2.41 Individuelle 404-Fehlerseite von hydrobar.de. (Quelle: Hydrobar Hydraulik und Pneumatik GmbH)

Damit Google verstehen kann, dass die Seite einen Fehler ausgibt, werden sogenannte Status Codes auf Serverseite ausgegeben. Wie können Sie prüfen, ob und welcher Status Code von Ihrer Website an Google ausgegeben wird? Rufen Sie eine nicht existente, frei erfundene URL Ihrer Website auf, wie: https://www.hydrobar.de/hydraulik-service-lalaunbekannt/reparatur-service. html. Hierbei habe ich in der URL https://www.hydrobar.de/hydraulik-service/reparatur-service.html einfach „-lalaunbekannt" eingebaut. Diese URL existiert nicht und sollte folgerichtig einen Fehler ausgeben. Ob Google einen Fehler auf der Serverseite erhält, sehen wir mithilfe des Tools https:// tools.seobook.com/server-header-checker/. Dort geben Sie die URL einfach in das Freitextfeld ein und klicken auf „Check Headers". Unter Response erhalten wir die Information „HTTP/1.1 404 Not Found", dies ist damit richtig. Google kann nun verstehen, dass die Seite nicht existiert, und wird sie nicht in den Index aufnehmen. Sollte bei Ihnen jedoch „HTTP/1.1 200 Ok" als Antwort resultieren, empfehle ich Ihnen, dies umprogrammieren zu lassen.

Welche URLs produzieren 404-Fehlerseiten?
Nutzen Sie die bekannten SEO-Tools wie Ryte, Xovi & Co., um die aktuellen URLs zu erhalten, die einen 404-Fehlercode zurückgeben. Zumeist können Sie die Analyse unter dem Menüpunkt „Indexierbarkeit – Status Codes" in den

Tools finden. Dort werden Ihnen die 404-Codes ausgegeben. Sie könnten beispielsweise ehemalige Produkte finden, die von diversen Unterseiten noch verlinkt werden. Entfernen Sie die internen Links. So können die Besucher und der
Google-Crawler nicht mehr auf diese Seiten zugreifen, wodurch die Usability
verbessert wird.

2.7.12 hreflang für die internationale Auffindbarkeit

Mit dem Tag hreflang können Sie Google auf verschiedene Sprachversionen
oder regionale Ausrichtungen Ihrer Website hinweisen. Die Suchmaschine kann
dadurch den Zusammenhang zwischen den URLs besser verstehen. Das Tag
hreflang können Sie im Quellcode Ihrer Website im Head-Bereich einsetzen, es
sieht folgendermaßen aus:

    <link rel="alternate" hreflang="sprache" href="https://www.beispieldomain.
tld/beispielseite/" />

Die "Sprache" kann im Format ISO-639-1 (zum Beispiel "de") angegeben
werden. Mit einem Bindestrich abgetrennt, werden die Regionen im Format
ISO 3166-1 Alpha 2 (zum Beispiel "ch") ausgezeichnet. So sehen Sprache und
Regionen für die DACH-Region aus:

- de-de: deutsche Inhalte für Nutzer innerhalb Deutschlands
- de-ch: deutsche Inhalte für Nutzer innerhalb der Schweiz
- de-at: deutsche Inhalte für Nutzer innerhalb Österreichs

Der Code dafür könnte wie folgt aussehen:

```
<link rel="alternate" hreflang="de-DE" href="https://beispiel-
seite.com/de/" />
<link   rel="alternate"   hreflang="de-AT"   href="https://bei-
spielseite.com/at/" />
<link   rel="alternate"   hreflang="de-CH"   href="https://bei-
spielseite.com/ch/" />
```

Sämtliche Inhalte sollten die jeweilige Alternativversion untereinander
referenzieren. Konkret bedeutet das, dass die deutsche auf die Schweizer und
österreichische Version verweist und umgekehrt. Wichtig ist dabei immer, dass
die URLs auch auf sich selbst verweisen. Die deutsche Version führt also ebenfalls die folgende Zeile auf:

<link rel="alternate" hreflang="de-DE" href="https://beispielseite.com/de/" />
Hilfreich ist auch der Wert hreflang="x-default". Dieser wird verwendet,
wenn keine andere Sprache bzw. Region mit der Browsereinstellung des Nutzers
übereinstimmt.

Bei unserem Kunden Elektrophysik – einem Hersteller von Schichtdicken-
messgeräten – haben wir folgenden Code eingesetzt:

```
<link    rel="alternate"   href="https://www.elektrophysik.com/
en/" hreflang="x-default" />
<link    rel="alternate"   hreflang="de"   href="https://www.
elektrophysik.com/de/" />
<link    rel="alternate"   hreflang="en"   href="https://www.
elektrophysik.com/en/" />
<link    rel="alternate"   hreflang="fr"   href="https://www.
elektrophysik.com/fr/" />
<link    rel="alternate"   hreflang="es"   href="https://www.
elektrophysik.com/es/" />
<link    rel="alternate"   hreflang="nl"   href="https://www.
elektrophysik.com/nl/" />
<link    rel="alternate"   hreflang="pl"   href="https://www.
elektrophysik.com/pl/" />
```

Damit haben wir auf der Startseite sowohl den Standardwert als auch die Verweise auf sämtliche Sprachen hergestellt. Auf den Unterseiten werden die URLs
entsprechend angepasst.

Generieren und validieren Sie Ihren hreflang-Code
Für die Umsetzung des hreflang-Attributs empfehle ich Ihnen den
Sistrix-Generator: https://app.sistrix.com/de/hreflang-generator. Dieser führt Sie
zu dem optimalen Code, um diesen auf Ihrer Seite einzubinden. Es existieren
jedoch für die verschiedenen Content-Management-Systeme (CMS) diverse
Plugins und Module, die für Sie diese Aufgabe solide übernehmen. Beispielsweise ist das WordPress Multilingual Plugin für Wordpress geeignet, um das
hreflang-Attribut automatisiert einzubinden.

Wurde der hreflang-Code richtig eingesetzt? Das können Sie mit
dem Sistrix-Validator einfach überprüfen: https://app.sistrix.com/de/hreflang-
validator.

2.7.13 Serverstandort

Anhand des Serverstandorts hat Google bisher die Website einem Land oder einer Region zugeordnet – das vermuteten zumindest SEOs. 2018 wurde Johannes Müller – Webmaster Trends Analyst bei Google – zu dieser Thematik auf Twitter befragt.

Er äußerte, dass die Website bereits anhand der hreflang-Information (siehe Abschn. 2.7.12) und der Top-Level-Domain wie .de oder .es einem Land zugeordnet werden kann. Der Serverstandort ist nur für die Ladezeit relevant, denn diese kann bei interkontinentalen Zugriffen länger ausfallen. Bei meiner in Deutschland gehosteten Website sensational.marketing macht der Zugriff aus Deutschland und Australien eine Differenz von über zwei Sekunden aus.

Falls Sie international tätig sind, sollten Sie die Ladezeit für verschiedene Standorte mithilfe von Pingdom prüfen. Sollte der Pagespeed länger als zwei bis drei Sekunden ausfallen, empfehle ich Ihnen den Einsatz eines Content-Delivery-Netzwerks (CDN). Diese bestehen aus einem Verbund von Servern, die auf mehrere Länder verteilt sind. Statische Inhalte wie JavaScript-, CSS-Dateien und Bilder können auf diesen CDNs abgespeichert werden. Beispielhafte CDNs sind:

- Cloudfare
- Amazon CloudFront
- Microsoft Azure
- MirrorBrain

Ruft ein Nutzer die Website in einem bestimmten Land auf, liefert der nächstgelegene Server die Inhalte. Dadurch kann die Ladezeit erheblich reduziert werden.

2.8   Phase 8: Controlling

Es ist wie im realen Leben: Wenn Sie sich konkrete Ziele setzen, handeln Sie entschlossener und erreichen die Ziele viel eher, als wenn Sie sich keine setzen. So ist es auch bei der SEO. Das haben Sie in Phase drei erledigt. In der Phase acht gehen wir auf das Controlling ein, mit dem Sie die Zielerreichung überprüfen. Im SEO-Bereich können Sie das speziell mit folgenden Tools durchführen:

- Google Search Console
- Google Analytics
- Google Data Studio
- Google Alerts
- Und weiteren SEO-Tools

Diese werde ich Ihnen nachstehend näherbringen und einige Tipps mit auf dem Weg geben.

2.8.1   Google Search Console

Die Google Search Console hieß bis vor einigen Jahren noch Google Webmaster Tools und diese Bezeichnung verdeutlichte eher ihren Zweck: Sie soll die Schnittstelle zwischen dem Website-Betreiber und Google sein. Sie bietet eine ideale und schnelle Möglichkeit, mit Google zu kommunizieren bzw. Anweisungen zu geben. Außerdem können Sie SEO-Leistungsdaten für Ihre Website erhalten. Zu dem Tool gelangen Sie mit Ihrem Google-Konto mit der URL https://search.google.com/search-console/.

Anmeldung

Als ersten Schritt sollten Sie Ihre Website in der Search Console hinzufügen. Hierzu klicken Sie auf „Property hinzufügen" und geben im Anschluss Ihre URL unter „URL-Präfix" ein. Achten Sie dabei auf die richtige Schreibweise: Falls Sie ein SSL-Zertifikat verwenden, schreiben Sie https:// an den Anfang. Nutzen Sie www vor der Domain, dann schreiben Sie dies bitte ebenfalls in die URL. Abschließend benötigt die Search Console noch eine Bestätigung Ihrer Property. Zu diesem Schritt gibt es verschiedene Optionen der Durchführung: Am schnellsten gelingt die Bestätigung mit dem Google Tag Manager (siehe Abb. 2.42) – natürlich vorausgesetzt, dass Sie diesen bereits nutzen.

Alternativ können Sie auch Ihre Domain vollständig bestätigen, indem Sie das linke Feld ausfüllen. Dazu ist jedoch ein DNS-Eintrag bei Ihrem Hoster notwendig.

Keywords prüfen

Wer früher seine Keywords über den natürlichen (SEO-)Bereich prüfen wollte, der nutzte einfach Google Analytics. Heutzutage muss man, um an diesen Punkt zu gelangen, erst einige Umwege gehen, da diese Angaben bei Google Analytics nicht mehr direkt einsehbar sind. Um Keywords prüfen zu können, benötigen Sie die Search Console.

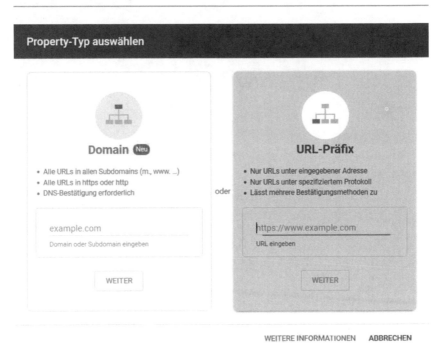

Abb. 2.42 Property in der Google Search Console bestätigen (Google und das Google-Logo sind eingetragene Marken von Google Inc., Verwendung mit Genehmigung). (Quelle: Google.de)

Sobald die Search Console Property bestätigt ist, erhebt Google die Daten für Ihre Website. Klicken Sie nach einigen Tagen in der Search Console auf der linken Navigationsleiste auf „Leistung". In der Abb. 2.43 sehen Sie die grafische Darstellung der SEO-Performance einer Website auf Google. Über der Grafik können die erhobenen Daten hinsichtlich des Zeitraums, der Länder und der Geräte gefiltert werden.

In der Grafik finden Sie verschiedene Angaben für die darüber eingestellten Filter, wie beispielsweise Ihre Position. Ebenfalls lässt sich unter „Impressionen" einsehen, wie oft Ihr Eintrag bei Suchanfragen angezeigt wurde. Eine weitere Angabe macht die Search Console mit der Betitelung „Klicks", unter der man prüfen kann, wie oft das Suchergebnis tatsächlich angeklickt worden ist. Wenn Sie das Ziel verfolgen, die Klickrate zu analysieren, so müssen Sie schlicht und ergreifend die Anzahl der Klicks mit der der Impressionen ins Verhältnis setzen, und Sie erhalten die Klickrate. Je höher der Wert ist, desto besser. Und

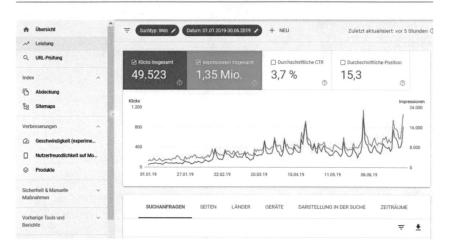

Abb. 2.43 Leistungsdaten einer Website in der Google Search Console (Google und das Google-Logo sind eingetragene Marken von Google Inc., Verwendung mit Genehmigung). (Quelle: Google.de)

wenn Ihre Klickrate dazu noch besser als der erwartete Durchschnitt ist, steigt die Wahrscheinlichkeit, dass Sie im Ranking weiter nach oben kommen oder Ihre Top-Position festigen.

Weitere Propertys hinzufügen

In den Leistungsdaten der Search Console werden Ihnen bis zu 1000 Suchan-fragen aufgeführt, für die Sie gefunden wurden. Aufgrund dieser Limitierung empfiehlt es sich, weitere Propertys in dem Google-Tool hinzuzufügen. Klicken Sie einfach in der Search Console links oben auf Ihre Domain, darunter finden Sie den Button „Property hinzufügen". Anschließend fügen Sie beispielsweise folgende URLs hinzu:

- **Sprachen-URLs:** Geben Sie die Ordner für die Sprachen wie https://www. domain.com/de/ domain.com/en/ etc. an.
- **Hauptthemen:** Fügen Sie die Hauptthemen aus der Informationsarchitektur (Abschn. 2.5) hinzu.
- **Blog:** Geben Sie die URL Ihres Blogs wie https://www.domain.de/blog/ an.

Diese zusätzlichen URLs müssen Sie nicht noch einmal verifizieren, zumindest wenn Sie zu dem gleichen URL-Stamm gehören, den Sie als erste Property hinzugefügt haben. Anschließend werden Ihnen die Leistungsdaten spezifisch für diese URL und die dazu gehörenden Unterseiten angezeigt – und dies ebenfalls für bis zu 1000 Suchanfragen.

XML-Sitemap hinzufügen
In Abschn. 2.7.7 haben Sie XML-Sitemaps kennengelernt. Diese sind insbesondere bei größeren Websites ab 100 Unterseiten wichtig. Damit Google die XML-Sitemap aufnehmen kann, sollten Sie die URL mitteilen. Gehen Sie dazu auf den Navigationspunkt „Sitemaps" und fügen Sie dort den finalen Pfad der URL ein.
Falls Sie eine Index-Sitemap wie https://sensational.marketing/sitemap_index. xml haben, genügt es, diese einzugeben.

2.8.2   Google Analytics

Mit Google Analytics können Sie die definierten Ziele verfolgen. Das Tool ist zwar kostenlos, doch kritisch betrachtet geben Sie alle Ihre Daten an den Suchmaschinengiganten und bezahlen mit diesen wertvollen Daten. So kann Google die Wege der Surfer immer besser verstehen und anhand dessen den Service der Suchmaschine immer weiter optimieren. „Big Brother is watching you"! Es liegt an Ihnen, ob Sie den kostenlosen Dienst in Anspruch nehmen oder nicht. Oftmals nutzen nur die Unternehmen Analytics nicht, die es aufgrund ihrer Branche (wie zum Beispiel Wirtschaftsprüfer) nicht nutzen möchten oder dies sogar nicht dürfen. Sollten Sie, wie viele Millionen andere Website-Besitzer, Google Analytics auch nutzen, dann finden Sie nachstehend einige Begriffserklärungen und Tipps, die Ihnen bei der Interpretation der Daten helfen werden.

Begriffserklärungen
- **Sitzungen:** Ein Nutzer kann eine Website mehrfach aufrufen, jeder neue Aufruf ist eine Sitzung.
- **Nutzer:** Das sind User mit mindestens einer Sitzung im ausgewählten Zeitraum.
- **Seitenaufrufe:** Zur Gesamtzahl der aufgerufenen Seiten werden auch wiederholte Aufrufe gezählt.
- **Seiten/Sitzung:** Hierbei handelt es sich um die durchschnittliche Anzahl von Seiten, die pro Sitzung aufgerufen werden.
- **Durchschnittliche Sitzungsdauer:** So lange bleiben die Besucher im Durchschnitt auf Ihrer Website.
- **Absprungrate:** Dieser Wert beschreibt den prozentualen Anteil von Besuchern, die die Webseite direkt innerhalb von 30 s wieder verlassen haben, ohne eine andere Seite aufzurufen.

Verknüpfung mit der Google Search Console

Die Informationen bzgl. der SEO-Leistungsdaten können Sie auch in Google Analytics einsehen, wenn Sie die Search Console mit Analytics verknüpfen. Klicken Sie dafür in Ihrem Analytics-Konto auf „Verwaltung – Property-Einstellungen – Search Console anpassen", und anschließend können Sie unter „Datenansicht" Ihre Search-Console-Property auswählen. Final klicken Sie auf „speichern", und schon sind die Konten miteinander verknüpft. Beachten Sie, dass Google bei den Suchanfragen immer eine Verzögerung von zwei bis drei Tagen hat. Die Suchanfragen von heute sehen Sie also erst in zwei bis drei Tagen. In der nahen Zukunft sind vermutlich auch aktuellere Daten erhältlich.

Wenn Sie tiefer in die Welt und Möglichkeiten von Google Analytics eintauchen möchten, dann werfen Sie einen Blick in die Anleitungen von Google: https://www.google.com/intl/de_ALL/analytics/index.html.

2.8.3 Google Data Studio

Mit dem Google Data Studio können Sie kostenlos eigene SEO-Berichte erstellen, die aus verschiedenen Quellen generiert werden. Das Tool ist erreichbar über https://datastudio.google.com. In meiner Agentur nutzen wir Data Studio ebenfalls für das Reporting an unsere Kunden – vollautomatisiert. In der Vergangenheit setzte ich immer auf eine eigene Softwarelösung, doch Data Studio hatte mich vor knapp zwei Jahren vollends überzeugt. Die Bedienung ist nach einer kurzen Einarbeitungszeit einfach, es wird ständig weiterentwickelt und die Reports können an die eigenen Bedürfnisse angepasst werden.

Die Herausforderung ist, stets den Überblick über die SEO-Entwicklung zu behalten. Erreichen Sie die gesetzten Ziele? Verbessern sich die Positionen für die wichtigen Fokusthemen? Sicherlich können Sie die Kennzahlen mithilfe von Google Analytics und der Search Console manuell überprüfen und sich beispielsweise eine Excel-Liste anlegen. Noch besser ist jedoch eine automatisierte Lösung: Sie erhalten eine Übersicht als Online-Version oder per E-Mail ein PDF-Dokument. Ein solcher Report kann verschiedene Informationen aufführen. Unsere SEO-Reports sind folgendermaßen aufgebaut:

- **Deckblatt** mit Datumsangabe
- **Das SEO-Cockpit:** Das das strategische Vorgehen immer in den Fokus rückt.
- **Website-Perfomance:** Ein Gesamtüberblick der Besucherdaten aus Google Analytics. Besonders wichtig ist auch die Information, wie viele Leads generiert wurden oder wie viel Umsatz erreicht werden konnte.

- **SEO-Landingpages:** Eine Übersicht über die Kennzahlen für den vergangenen Monat, bezogen auf die Unterseiten. Die Daten werden aus der Search Console aggregiert.
- **Top-Rankings:** Eine Übersicht über die Keywords mit den meisten Klicks, bezogen auf den letzten Monat. Die Quelle ist auch hier die Google Search Console.
- **SEO-Gesamtentwicklung:** Es werden die wichtigsten SEO-Kennzahlen in einer monatlichen Gruppierung als Übersicht dargestellt (siehe Abb. 2.44).

Diese Berichte können Sie später auch für Ihr gesamtes Online-Marketing erweitern. Nicht nur Google Ads-, sondern auch Social-Media-Kennzahlen können Sie in Data Studio als Quellen angeben. Facebook, Instagram und weitere externe Quellen können Sie jedoch nur mithilfe von kostenpflichtigen Anbietern, wie supermetrics. com, umsetzen. Meiner Ansicht nach lohnt sich die Investition jedoch, da der Zeitaufwand und der Nutzen durch das automatisierte Reporting immens sind.

Eine Videoanleitung zur Einrichtung eines SEO-Reportings für Ihr Unternehmen mithilfe von Data Studio finden Sie unter https://bastiansens.de/outseoreport.

2.8.4 Google Alerts

Mit dem kostenlosen Tool Google Alerts brauchen Sie nicht nach Ihrem Namen oder denen Ihrer Wettbewerber zu suchen. Mit Google Alerts erhalten Sie zeitlich

Jahr/Monat ▾	Clicks	Impressions	Average Position	Site CTR
Dez. 2019	3.011	87.731	14,9	3,43 %
Nov. 2019	3.781	85.915	14,29	4,4 %
Okt. 2019	3.747	85.301	15,06	4,39 %
Sept. 2019	3.536	74.400	13,66	4,75 %
Aug. 2019	3.000	69.210	14,92	4,33 %
Juli 2019	3.242	74.876	13,76	4,33 %
Juni 2019	2.967	67.672	13,87	4,38 %
Mai 2019	3.830	81.162	12,11	4,72 %
Apr. 2019	3.256	72.292	13,34	4,5 %
März 2019	3.924	82.045	12,34	4,78 %
Feb. 2019	3.806	84.328	12,17	4,51 %
Jan. 2019	4.115	93.758	11,76	4,39 %

Abb. 2.44 Bericht zur SEO-Gesamtentwicklung in Google Data Studio (Google und das Google-Logo sind eingetragene Marken von Google Inc., Verwendung mit Genehmigung). (Quelle: Google.com)

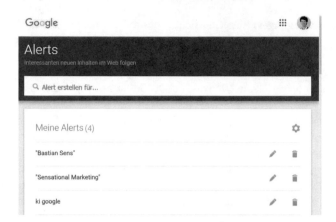

Abb. 2.45 Google Alerts (Google und das Google-Logo sind eingetragene Marken von Google Inc., Verwendung mit Genehmigung). (Quelle: Google.de)

definiert eine E-Mail mit einer Übersicht über die neuen Suchergebnisse zu den angegebenen Suchbegriffen. Für einen ersten Einsatz des Tools gehen Sie auf https://www.google.de/alerts und fügen Sie in dem Feld „Alert erstellen für" Ihren gewünschten Suchbegriff ein, zu dem Sie Benachrichtigungen erhalten möchten.

Ich habe derzeit unter anderem „Bastian Sens", „Sensational Marketing" und den Begriff „Google KI" als Alert eingestellt (Abb. 2.45). Sobald Sie einen Begriff eingegeben haben, erhalten Sie die Möglichkeit, den Alert einzustellen bzw. Optionen anzeigen zu lassen. In den Optionen können Sie die Sprache der Suchergebnisse definieren, aber auch die Häufigkeit der Benachrichtigung. Sie können unverzüglich, täglich oder wöchentlich einstellen.

Nutzen Sie Google Alerts für das Controlling der Suchergebnisse für folgende Aspekte:

- **Wettbewerber:** Welche neuen Produkte bieten Ihre Wettbewerber an? Berichtet die Presse über das Unternehmen? Potenziell können Sie diese Blogger oder Magazine ebenfalls für einen Link oder eine Berichterstattung kontaktieren.
- **Eigenes Unternehmen:** Welche Artikel werden über Sie bzw. Ihr Unternehmen geschrieben? Wenn darüber berichtet wird: Ist auch einen Link in dem Artikel enthalten? Falls nicht, können Sie die Betreiber kontaktieren und darum bitten.

- **Themenrecherche:** Welche News gibt es in Ihrem Fachgebiet? Ich habe unter anderem den Suchbegriff „Google KI" abonniert, um über neue Artikel zum Thema Künstliche Intelligenzen von Google informiert zu werden.

Dies sind nur drei mögliche Einsatzszenarien. Ihrer Kreativität sind keine Grenzen gesetzt. Erhalten Sie einfach und kostenlos die aktuellen Alerts zu Ihren Themen.

Ihr SEO-Cockpit

Schreiben Sie schließlich in Ihr SEO-Cockpit, welche Kennzahlen mit welchem Tool kontrolliert werden. Damit haben Sie auch die letzte Phase ausgefüllt. ◀

Weiterführende Literatur

- Hasler, M. (2016). Digital und Web Analytics: Metriken auswerten, Besucherverhalten verstehen, Website optimieren. Frechen: mitp.
- Hildebrandt, T. (2016). Web-Business – Controlling und Optimierung: Wie das Web erfolgreich in Unternehmen genutzt wird. Gernsbach: Deutscher Betriebswirte-Verlag.
- Lück, H., Vollmert, M. (2017). Google Analytics – Das umfassende Handbuch. Bonn: Rheinwerk.

Literatur

Aufgesang GmbH. (2020). Entitäten & E-A-T: Die Rolle von Entitäten bei Autorität und Trust. https://www.sem-deutschland.de/blog/entitaeten-marken/. Zugegriffen: 4. Jan. 2020.

Dziki, J. (2018). *Suchmaschinenoptimierung für Dummies*. Weinheim: Wiley – VCH Verlag.

Erlhofer, S. (2018). *Suchmaschinen-Optimierung: Das umfassende Handbuch*. Bonn: Rheinwerk Verlag.

Esch, F.-R., Tomczak, T., Kernstock, J., Langner, T., & Redler, J. (2019). *Corporate Brand Management – Marken als Anker strategischer Führung von Unternehmen*. Wiesbaden: Springer Gabler.

Google. (2011). Einführung in Suchmaschinenoptimierung. https://static.googleusercontent. com/media/www.google.com/de//intl/de/webmasters/docs/einfuehrung-in-suchmaschinenoptimierung.pdf. Zugegriffen: 22. Jan. 2020.

Google. (2014). English google webmaster central office-hours hangout. https://www. youtube.com/watch?v=fKQULFm2BQA. Zugegriffen: 7. Jan. 2020.

Google. (2019a). English google webmaster central office-hours hangout. https://www. youtube.com/watch?v=hNXSqRM7Xfs&time_continue=761. Zugegriffen: 7. Febr. 2020.

Google (2019b). General guidelines. https://static.googleusercontent.com/media/guidelines. raterhub.com/de//searchqualityevaluatorguidelines.pdf. Zugegriffen: 2. Jan. 2020.

Google (2020). Richtlinien für Webmaster. https://support.google.com/webmasters/ answer/35769?hl=de. Zugegriffen: 5. Jan. 2020.

Großklaus, R. H. G. (2015). *Positionierung und USP – Wie Sie eine Alleinstellung für Ihre Produkte finden und umsetzen.* Wiesbaden: Springer Gabler.

Häusel, H. G. (2014). *Think limbic. Die Macht des Unbewussten nutzen für Management und Verkauf.* Freiburg: Haufe.

Dieser Training AG. (o. J.). Jeder 2. Erwachsene hat Rückenbeschwerden. https://www. kieser-training.de. Zugegriffen: 15. Jan. 2020.

Löffler, M. (2019). *Think Content!: Content-Strategie, Content-Marketing, Texten fürs Web.* Bonn: Rheinwerk.

Nähszene I TURM-Stoffe GmbH. (o. J.). Bernina. https://www.naehszene.de/Naehmaschinen/ Bernina/. Zugegriffen: 22. Jan. 2020.

OTTO GmbH & Co. KG (2020). Matratzen – Schlafen wie im siebten Himmel. https:// www.schlafwelt.de/matratzen/. Zugegriffen: 21. Jan. 2020.

Ryte GmbH (2020). Keyword-Empfehlungen. https://cos.ryte.com. Zugegriffen: 21. Jan. 2020.

Searchmetrics. (2016). Rebooting Ranking-Faktoren Google.de. https://www.searchmetrics. com/de/knowledge-base/ranking-faktoren/. Zugegriffen: 31. Jan. 2020.

Sens, B. (2013). Joomla SEO: 7 hilfreiche Tipps. https://sensational.marketing/blog/ joomla-seo-7-hilfreiche-tipps/. Zugegriffen: 22. Januar 2020.

Sens, B. (2017). *Schluss mit 08/15-Websites – so bringen Sie Ihr Online-Marketing auf Erfolgskurs.* Wiesbaden: Springer Gabler.

Sens, B. (2019a). *Die Positionierung als Erfolgsfaktor im Online-Marketing.* Würzburg: Hotspot Verlag.

Sens, B. (2019b). *Das Online-Marketing-Cockpit – 8 Phasen einer erfolgreichen Online-Marketing-Strategie.* Wiesbaden: Springer Gabler.

Sistrix GmbH. (2020). Was ist der SISTRIX Sichtbarkeitsindex? https://www.sistrix.de/ frag-sistrix/was-ist-der-sistrix-sichtbarkeitsindex/. Zugegriffen: 5. Jan. 2020.

Wikimedia Foundation Inc. (2020). Wikipedia:Relevanzkriterien. https://de.wikipedia.org/ wiki/Wikipedia:Relevanzkriterien. Zugegriffen: 2. Jan. 2020.

SEO-Spezialthemen

3

3.1 Local SEO

Philipp Jansegers

Was versteht man unter Local SEO? Diesen Begriff können Sie zum einen so interpretieren, dass die eigene Website so optimiert wird, dass Sie damit für Begriffe, die zu Ihren relevanten Dienstleistungen und Produkten passen und einen lokalen Zusammenhang vorweisen, gefunden werden. Zum anderen umfasst Local SEO auch die Optimierung in externen Quellen – dazu gehören Branchenbücher und auch Kartendienste wie Google Maps. Letztgenanntem Bereich widme ich in diesem Kapitel den größten Schwerpunkt – dies hat vor allem mit der marktbeherrschenden Stellung von Google auf diesem Gebiet zu tun. Da Google Maps in Deutschland häufig genutzt wird (Statista 2019a) – auch vermehrt als Navigationsgerät in Fahrzeugen – und die Nutzung von Smartphones immer mehr zunimmt (Statista 2019b), ist die Optimierung für die dortige Auffindbarkeit für Unternehmen von großer Bedeutung.

Hintergrund zu den in Google abgebildeten Suchergebnissen
Google erkennt im Normalfall Ihren Standort anhand der IP-Adresse. Ziel des Suchmaschinengiganten ist, dass jedem Suchenden die bestmöglichen, relevantesten Ergebnisse angezeigt werden. Dazu gehört auch, dass lokale Suchergebnisse bevorzugt dargestellt werden, wenn es thematisch zum Suchbegriff passt. Grundlage dessen ist das „Venedig Update" von Google aus 2012 (Sistrix 2020). Hauptsächlich spiegelt sich dies jedoch im Maps-Bereich wider – damals noch als „Google Places" bekannt.

Beispiel: Lokale Suche

Bei der Google-Suche nach „Zahnarzt" haben Sie vermutlich die Absicht, einen solchen möglichst in der Nähe zu finden. Als Suchender in Köln nützen Ihnen die Ergebnisse für Münchener Zahnarztpraxen relativ wenig. Hinter der Suche nach „Brille online kaufen" verbirgt sich hingegen eher die Absicht einer globalen Anfrage. Hier spielt die lokale Herkunft des Inhabers hinter der gelisteten Website keinerlei Rolle. ◄

Lokale Auffindbarkeit: Wie Sie für Städte gefunden werden, in denen Ihr Unternehmen keinen Sitz hat

Sind Sie mit Ihrem Unternehmen in einer Stadt ansässig, wird dies für entsprechende Suchanfragen mit lokalem Zusammenhang bei Ausspielung der Suchergebnisse favorisiert. Ein Beispiel ist in Abb. 3.1 zu sehen.

Obwohl „Leverkusen" weder in den Seitentitel noch in die Seitenbeschreibung eingebunden wurde, listet Google die Unterseite weit vorne. Aufgrund des höheren Suchvolumens haben wir uns für eine inhaltliche Fokussierung auf „SEO Seminar Köln" entschieden und dieses Keyword in Überschrift, Seitentitel- und Beschreibung eingebunden.

Wenn Sie mit Ihrem Unternehmen in einer zentralen Lage beheimatet sind und für Suchanfragen in Verbindung mit umliegenden Städten gefunden werden möchten, gibt es eine einfache Lösung: Landingpages, die vom Footer einer Website verlinkt werden. Da der Footer-Bereich in der Regel auf jeder Unterseite einer Website identisch ist, werden die dort aufgeführten Seiten auch von überall aus verlinkt. Links – interne wie externe – werden von Google als Empfehlungen gesehen. Besagte Seiten erhalten also mehr Relevanz. Durch Themenseiten, die in Seitentitel-, Beschreibung, Überschrift und Text beispielsweise „Messehotel Essen", „Tagungshotel Oberhausen" oder „Hotel Nähe Messe Düsseldorf" beinhalten, kann ein zentral gelegenes Hotel es schaffen, dafür von der eigenen Zielgruppe und insgesamt für mehr Seiten bei Google gefunden zu werden. Für unseren Kunden, das 5-Sterne-Hotel „Villa am Ruhrufer", haben wir auf diese Weise die Auffindbarkeit gesteigert und gute Positionen für diese und weitere Themen erreicht. Je mehr solcher Landingpages Ihre Website hat, desto mehr potenzielle Kunden erreichen Sie auf diesem Weg. Zusammenfassend ist die Erstellung von Landingpages für Sie vor allem dann interessant, wenn es sich um besonders hart umkämpfte Städte handelt, in denen für Ihr Unternehmen also eine hohe Konkurrenz herrscht.

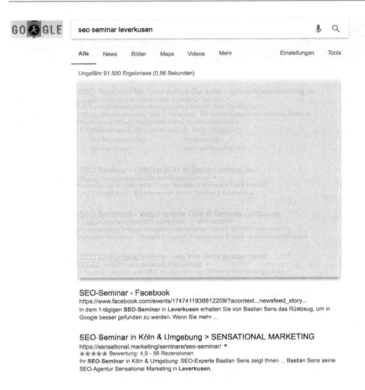

Abb. 3.1 Suchergebnisse für den Begriff „SEO Seminar Leverkusen" (Google und das Google-Logo sind eingetragene Marken von Google Inc., Verwendung mit Genehmigung). (Quelle: Google.de)

Google Maps: Wie Ihr Unternehmen lokal gefunden und bestmöglich präsentiert wird

Ich habe es zu Beginn des Kapitels schon angedeutet: Ein wichtiger Teil der Local SEO ist auch der Bereich Google Maps. In der Regel werden bei jeder Suchanfrage mit lokalem Bezug ein bis maximal drei Ergebnisse aus Google Maps in der Google-Suche selbst angezeigt. Auf mobilen Endgeräten ist die Darstellung der Maps-Ergebnisse gegenüber organischen Suchergebnissen wesentlich prominenter, da sie direkt unterhalb der bezahlten Anzeigen aufgeführt sind. Diese Verbindung aus Kartendienst und Suchmaschine wurden von Branchenriesen wie Apple erfolglos zu adaptieren versucht. Als Unternehmen, das seine

Kunden in einer der folgenden Varianten „bedient", sollte man dafür sorgen, dass man im Maps-Bereich gefunden und bestmöglich wahrgenommen wird:

- **Lokales Unternehmen:** beispielsweise Geschäft, Restaurant oder Hotel (kann von Gästen besucht werden)
- **Lokales Unternehmen mit Einzugsgebiet:** Ein Dienstleistungsunternehmen, wie beispielsweise Automechaniker, Versicherungen, Online-Marketing-Agenturen oder ein Pizza-Lieferservice (bedient seine Kunden in einem gewissen Umkreis, kann in der Regel auch vor Ort besucht werden)

Googles Ziel ist, seine eigenen Dienstleistungen, Produkte und Tools so miteinander zu verknüpfen, dass Ihnen die Nutzung so einfach wie möglich fällt. Nach der Anmeldung im Google-Konto ermöglicht der Bereich „My Business" die schnelle und einfache Verwaltung von Unternehmenseinträgen, welche in Google Maps gelistet sind.

Im Folgenden stelle ich Ihnen weitere Basis-Informationen zur Inhaberschaft von Unternehmenseinträgen in Google Maps zur Verfügung:

1. Sie müssen über ein eigenes Google-Konto verfügen oder alternativ ein neues Konto erstellen, um überhaupt einen Unternehmenseintrag anlegen, bestätigen oder verwalten zu können. Durch Eingabe Ihrer persönlichen Daten und Vergabe eines Passworts erhalten Sie automatisch auch eine E-Mail-Adresse mit „...@googlemail.com bzw. „...@gmail.com". Alternativ ist es auch möglich, dass Sie sich mit einer bestehenden E-Mail-Adresse ein Konto bei Google einrichten.
2. Prüfen Sie unter https://business.google.com/create?gmbsrc, ob es bereits einen Eintrag für das Unternehmen gibt (Abb. 3.2).
3. Gibt es bereits einen Unternehmenseintrag, sollten Sie hierfür die Inhaberschaft (oder zumindest Nutzerrechte) innehaben, um hinsichtlich der Pflege und Verwaltung tätig werden zu können. Wenn es einen Eintrag mit bestätigtem Inhaber gibt, können Sie via „Zugriff anfordern" trotzdem auswählen, dass Sie dessen Inhaber sein möchten. In dem Fall zeigt Google die Kontaktdaten des aktuellen Inhabers zum Teil an und sendet ihm nach Ihrer Zugriffsanforderung eine Nachricht. Reagiert er darauf nach sieben bis zehn Tagen nicht, können Sie die Inhaberschaft für sich beanspruchen. Sollten Sie an der Stelle feststellen, dass die zum Inhaber hinterlegte E-Mail-Adresse evtl. zu Ihrem Unternehmen gehört, können Sie auch versuchen, das Passwort zurückzusetzen und Ihr Google Konto so wiederherzustellen.

Abb. 3.2 Prüfung eines Google-My-Business-Eintrags (Google und das Google-Logo sind eingetragene Marken von Google Inc., Verwendung mit Genehmigung). (Quelle: Google.de)

4. Es besteht auch die Möglichkeit, dass es einen Unternehmenseintrag in Maps gibt, für den bisher keine Inhaberschaft beansprucht wurde. Auch hier ist es Ihnen dann möglich, den Zugriff auf den Unternehmenseintrag anzufordern. Die Verifizierung erfolgt mithilfe eines Codes, den Sie eingeben müssen, wenn er Ihnen von Google per Mail, Telefon oder per Post übermittelt wurde. Grundsätzlich sieht man in Maps immer, ob es für einen Unternehmenseintrag bereits einen bestätigten Inhaber oder (noch) keinen bestätigten Inhaber gibt (Abb. 3.3).

Eine dritte, ebenfalls mögliche Variante ist, dass das Unternehmen mit dem Vermerk „Diesen Eintrag verwalten" angezeigt wird. In diesem Fall hat jemand die Inhaberschaft beantragt, aber diese nie verifiziert (Abb. 3.4).

Diese folgenden zwölf Stellschrauben helfen Ihnen dabei, bei Google Maps das Beste für Ihr Unternehmen herauszuholen und nachhaltig mehr Erfolg zu

Abb. 3.3 Inhaberschaft für einen Google-My-Business-Eintrag beanspruchen (Google und das Google-Logo sind eingetragene Marken von Google Inc., Verwendung mit Genehmigung). (Quelle: Google.de)

haben. Aktualisieren Sie das Unternehmensprofil im Hinblick auf die nachfolgend gelisteten Basis-Informationen:[1]

> Zwölf Stellschrauben für eine bessere Sichtbarkeit bei Google Maps
>
> 1. **Name des Unternehmens:** Google bevorzugt es, wenn der Unternehmenseintrag genau so lautet, wie das Unternehmen auf der Klingel bezeichnet wird.
> 2. **Unternehmenskategorie:** Danach werden Sie schon bei der Erstellung des Profils gefragt – möglich sind eine „Hauptkategorie" und „weitere Kategorien", hierbei ist keine Begrenzung bekannt.

---

[1] Auch wenn Google keine offiziellen Ranking-Faktoren für den Maps-Bereich veröffentlicht, wurden mir von My Business-Support-Mitarbeitern mehrfach versichert, dass eine möglichst umfangreiche Pflege dieser Informationen der guten Auffindbarkeit im Bereich Google Maps dient.

Allerdings können grundsätzlich nur Kategorien hinterlegt werden, die von Google per Auto-Vervollständigung angeboten werden.

3. **Unternehmensstandort:** Dazu gehören die Adresse (Straße, PLZ, Ort & Land sowie eine Markierung auf der Karte, welche von Ihnen angepasst werden kann) und auch – je nach anfangs ausgewählter Unternehmensvariante – das Einzugsgebiet des Unternehmens. Hierbei können sowohl Länder als auch einzelne Orte hinterlegt werden.

4. **Öffnungszeiten:** Neben den gewöhnlichen Öffnungszeiten von Montag bis Freitag können und sollten Sie auch Öffnungszeiten für einzelne regionale und überregionale Feiertage hinterlegen, damit potenzielle Besucher wissen, wann Sie Ihr Unternehmen aufsuchen können. Insbesondere für Restaurants, Bars und Lieferdienste sind diese Angaben relevant, damit deren Besucher entsprechend informiert sind, ob es beispielsweise am ersten Weihnachtstag Frühstück gibt oder ob das Lokal geschlossen ist.

5. **Telefonnummern:** Es können mehrere Telefonnummern hinzugefügt werden, jedoch ohne entsprechenden Zusatz wie beispielsweise „Zentrale", „Service-Hotline" etc.

6. **Kurzname des Unternehmens erstellen:** Daraus generiert sich automatisch eine Kurz-URL (g.page/[benutzerdefiniertername]), die verwendet werden kann, um Kunden oder potenzielle Besucher direkt auf das Unternehmensprofil in Maps zu verweisen. Sowohl von der Mobile-App als auch vom Desktop aus gibt es jeweils die Möglichkeit, das Profil an sich zu teilen oder Kunden mit einem Klick auf „Profil teilen" direkt auf die Abgabe-Möglichkeit einer Bewertung in Google hinzuweisen.

7. **Website des Unternehmens:** Neben einer primären Website können abhängig von der Unternehmenskategorie auch einzelne spezifische URLs hinzugefügt werden (bei einem Café beispielsweise „Speisekarte", „URL für Reservierung" oder „URL für Vorbestellungen").

8. **Produkte und Leistungen:** Während der erstgenannte Bereich inzwischen für fast alle Unternehmenskategorien verfügbar ist, gibt es „Leistungen" nur für wenige Kategorien im Dienstleistungssektor. Der Bereich „Produkte" kann von Unternehmen befüllt werden, um im Maps-Bereich noch mehr Aufmerksamkeit zu erhalten. Die Produkte können auch in Kategorien aufgeteilt werden – die dargestellte Reihenfolge lässt sich ebenfalls in My Business pflegen.

9. **Attribute:** Hierbei handelt es sich um Schlagwörter und andere Informationen dahingehend, „was Ihr Unternehmen zu bieten hat", wie es bei Google selbst heißt. Diese Schlagwörter werden beispielsweise anhand von Fragen generiert, die Google Maps-Nutzern zu verschiedenen Orten stellt. Weiterhin heißt es bei Google: Wenn Sie in Ihr Unternehmensprofil relevante und zutreffende Attribute aufnehmen, werden Google-Nutzer eher auf Sie aufmerksam. Attribute werden in Ihrem Unternehmensprofil auf Google Maps und in der Google-Suche angezeigt. Auf einige Attribute wie „Sitzplätze im Freien" oder „Von Frauen geführt" können Nutzer auf Mobilgeräten durch entsprechende Symbole hingewiesen werden ... Welche Attribute für Ihr Unternehmensprofil zur Verfügung stehen, richtet sich nach der Unternehmenskategorie. Es gibt zum Beispiel Attribute zu akzeptierten Zahlungsarten, Barrierefreiheit oder dazu, ob ein Unternehmen LGBTQ-freundlich ist. Wenn Sie Informationen zum Unternehmen in Google My Business bearbeiten, sehen Sie, welche Attribute für Ihr Unternehmen infrage kommen. Weiterhin können Unternehmen in ihrem My Business Profil eine Liste der Attribute sehen und dort selbst festlegen, ob sie zutreffen oder nicht.

10. **Beschreibung des Unternehmens**: Hier sollten Unternehmen laut Google das eigene Angebot an Dienstleistungen oder Produkten sowie Alleinstellungsmerkmale, die eigene Unternehmensgeschichte und alles andere, was für Kunden hilfreich ist, einfügen. Der Beschreibungstext ist auf 750 Zeichen begrenzt, sollte zudem nicht werblich verfasst sein oder auf Angebote hinweisen. Unter https://support.google.com/business/answer/3038177#description können die Richtlinien für Beschreibungstexte von Unternehmen in My Business nachgelesen werden.

11. **Eröffnungsdatum/Startdatum**: Hier wünscht Google die Angabe, wann das Unternehmen an diesem Ort zum ersten Mal geöffnet hat bzw. öffnen wird.

12. **Fotos**: Es gibt hier – wie auch bei anderen Bereichen in My Business – abhängig von der Unternehmenskategorie verschiedene Möglichkeiten. Dem Bereich „Bilder"/„Fotos" widmen wir uns im nächsten Abschnitt ausführlicher.

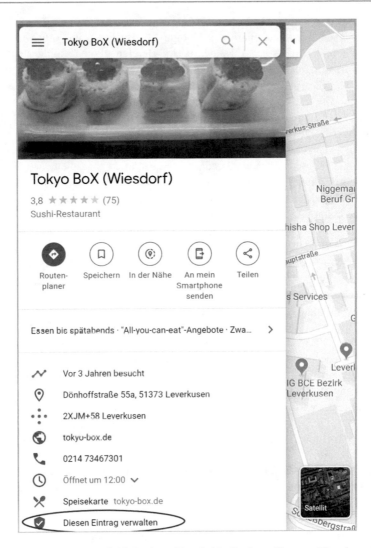

Abb. 3.4 Verwaltungsmöglichkeit eines Google-My-Business-Eintrags (Google und das Google-Logo sind eingetragene Marken von Google Inc., Verwendung mit Genehmigung). (Quelle: Google.de)

Fotos – Kategorien von Bildern in Google My Business
In Gesprächen mit Mitarbeitern des Google My Business Supports wurde mir
häufig empfohlen, dass jeder Kategorie im Bereich „Fotos" mindestens drei
Bilder hinzugefügt werden sollten. Auch wenn die Kategorien zum Teil variieren,
sind die folgenden immer bzw. sehr häufig zu sehen.

- **Identität:** Darunter fallen das Logo des Unternehmens und ein Titelbild – beispielsweise eine Außenansicht des Unternehmens.
- **Video:** Hier können Video-Dateien direkt hochgeladen werden, keine URLs
  von YouTube etc. – diese werden dann in Maps direkt abgespielt.
- **Innenaufnahmen**
- **Außenaufnahmen**
- **Am Arbeitsplatz**
- **Team**
- **360:** Hier finden sich sowohl Streetview-Aufnahmen von Google selbst als
  auch 360-Grad-Aufnahmen von Besuchern oder vom Inhaber des Unternehmensprofils.

Übrigens Handelt es sich bei der Unternehmenskategorie beispielsweise um
„Hotel", gibt es auch noch Kategorien wie „Essen & Trinken" oder „Zimmer".
Im Tab „Übersicht" werden alle Bilder – ob sie vom Inhaber oder von
Besuchern hochgeladen wurden – angezeigt, außerdem zeigt Google hier direkt
auf, ob bei einer Kategorie noch Bilder fehlen, sodass Sie diese mit einem Klick
hinzufügen können. In den Tabs „Vom Inhaber" und „Von Kunden" werden die
Bilder mit ihrer entsprechenden Herkunft bzw. Quelle aufgeführt.

**Weitere Optimierungsempfehlungen hinsichtlich der Pflege Ihres Unter-
nehmensprofils**
Die nachfolgend aufgeführten Tipps dienen in erster Linie Ihrem Ansehen bei
potenziellen Kunden und auch zur Erfolgskontrolle Ihrer zuvor durchgeführten
Maßnahmen – im Detail heißt das:

1. **Antworten Sie auf eingegangene Bewertungen:** Ganz gleich, ob diese
   positiv oder negativ behaftet sind – da Ihre potenziellen Kunden/Gäste somit
   sehen, dass Sie sich um die Belange Ihrer Besucher kümmern.
2. **Prüfen Sie die Statistiken des Unternehmensprofils:** Diese Daten (Anzahl
   der Aufrufe Ihres Profils, Herkunft der Profilbesucher – sowohl im Hinblick
   auf die Quelle, zum Beispiel Google-Suche oder aus Maps, als auch auf
   deren geografische Herkunft sowie die Häufigkeit, lokale Herkunft und Uhr-

zeit der Telefonanrufe über Ihr Profil – können für verschiedene Zeiträume abgerufen und entsprechend verglichen werden (7 Tage, 30 Tage oder auf Quartalsebene). Hier ist meine Empfehlung: Ziehen Sie sich diese statistischen Daten zu Beginn (also vor Ihren Optimierungen), dann wöchentlich in den kommenden Wochen nach den Optimierungen und zukünftig jeden Monat.

3. **Veröffentlichen Sie regelmäßig Beiträge bzw. Posts:** So erhalten Sie im Maps-Bereich und in der Google-Suche – wenn Ihr Unternehmensprofil- bzw. Standort dort auf der rechten Seite erscheint – mehr Aufmerksamkeit. Sie erhalten nach der Veröffentlichung Informationen darüber, wie oft ein Beitrag gesehen und angeklickt wurde – dies ist die Ansicht der Erstellung von Beiträgen (Abb. 3.5).

Bei der Auswahl von Schaltflächen gibt es die in Abb. 3.6 gezeigten Auswahlmöglichkeiten.

Ein Klick in der oberen Navigationszeile auf „Produkte" führt Sie erneut zu dem bereits unter Punkt 8 bei den zwölf Stellschrauben erwähnten Bereich. Die normalen Beiträge bleiben lediglich sieben Tage in Google zu sehen – ausschließlich „Angebote" und „Events" bleiben sichtbar bis zum entsprechenden (End-)Datum.

Im Jahr 2019 kamen zwei neue Features in Google My Business hinzu: Sowohl die Funktion „Textnachrichten" als auch die Funktion „Follower" können nur auf Mobilgeräten via App aktiviert und genutzt werden – beide dienen der direkten Kommunikation zwischen Nutzer und Unternehmen. Für „Follower" kann zudem ein ganz eigenes „Willkommensangebot" angelegt werden, welches nur Kunden erhalten, die Google als neue Follower Ihres Profils erkannt hat.

All diese Optimierungen führen im lokalen Bereich – also über Google Maps und den gesamten Maps-Bereich innerhalb der Google-Suche – im besten Fall zu mehr Besuchern bei Ihnen vor Ort oder auf Ihrer Website, idealerweise natürlich zu neuen (potenziellen) Kunden und dazu, dass diese von Ihrem Unternehmen den bestmöglichen Eindruck gewinnen können. Ein großer Vorteil ist in jedem Fall, dass alle Optimierungen bezüglich Ihres Maps-Auftritts für Sie kostenlos sind. Natürlich sollten Sie Zeit investieren – aber dies ist doch bei allen Stellschrauben, die Sie für den Unternehmenserfolg drehen können, der Fall – oder?

Mir ist es noch ein wichtiges Anliegen, dass wir uns Folgendes vor Augen halten: Google und seine Dienstleistungen wie auch Produkte – Maps, Google-Suche etc. – haben hierzulande zwar eine marktbeherrschende Stellung, trotzdem sollten Sie evtl. andere Bereiche der lokalen Suche nicht vernachlässigen. Ist ein großer und wichtiger Teil Ihrer Zielgruppe beispielsweise

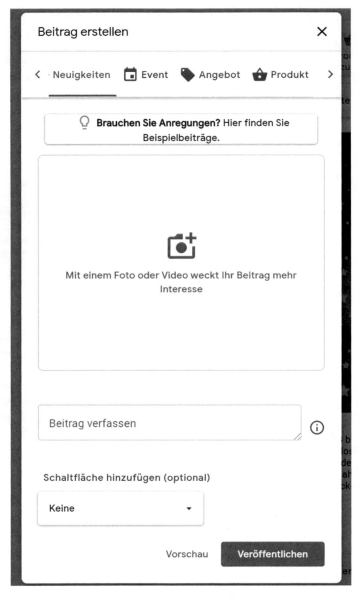

Abb. 3.5 Beitrag in Google My Business veröffentlichen (Google und das Google-Logo sind eingetragene Marken von Google Inc., Verwendung mit Genehmigung). (Quelle: Google.de)

Abb. 3.6 Auswahlmöglichkeit für eine Schaltfläche in einem Google My Business-Post (Google und das Google-Logo sind eingetragene Marken von Google Inc., Verwendung mit Genehmigung). (Quelle: Google.de)

in den USA beheimatet, sprechen aktuelle Zahlen dafür, dass Sie sich auch auf Optimierungen in Bing konzentrieren sollten.

Technische Optimierungen & mehr – Weitere Informationen zu Local SEO
Wie zu Beginn des Abschnitts schon kurz erwähnt, betrifft der Bereich Local SEO auch Ihre eigene Website. Ihre Unternehmensadresse sollten Sie im Footer der Website aufführen und mit Mikrodaten erweitern bzw. selbige in der Search Console markieren. Wenn Sie für eine Stadt gefunden werden möchten, dann sollten Sie diese auch in den Texten aufführen. Auch im Seitentitel und in der Beschreibung sollten die jeweiligen Städtenamen eingebunden werden. Weitere Informationen dazu finden Sie im Abschn. 2.5.4.2. Wie bereits erwähnt, sollten Sie für Städte, in denen Ihr Unternehmen nicht direkt ansässig ist, Landingpages erstellen und die empfohlenen inhaltlichen Optimierungen umsetzen. Darüber hinaus sollten Sie Ihr Unternehmen in Branchenbücher eintragen, um lokal orientierte Verlinkungen zu erhalten.

Fakten und Statistiken zu Local SEO
* 97 % der Online-Nutzer nutzen das Internet als Informationsquelle für lokale Produkte und Dienstleistungen.
* Bei Suchanfragen über Smartphones führen 50 % noch am selben Tag zu einem anschließenden Besuch im lokalen Unternehmen/Geschäft – für Tablet- und Desktop-Nutzer liegt der Anteil bei etwa 33 %.
* Neun von zehn Kunden greifen bei ihrer Recherche im Web auf Bewertungen zurück und lesen diese. Als vertrauenswürdige Quelle stehen sie hierbei fast auf einer Ebene mit persönlichen Empfehlungen.
* Mit 98 % der Nutzer entscheidet sich fast jeder bei der Suche für ein Ergebnis auf der ersten Seite in Google.
* Fast jede fünfte Suchanfrage führt zu einem Kauf am selben Tag.
* Da 70 % aller Online-Nutzer sich eher für ein lokales Unternehmen ent-scheiden, wenn dieses über Social-Media-Kanäle Informationen bereitstellt, ist diese Art der Präsentation im Web zur Pflicht geworden.

3.2   Website-Relaunch

Ein Website-Relaunch birgt große Gefahren für die Google-Rankings. Ich habe schon viele Projekte im Nachhinein kennengelernt, die aufgrund von SEO-Halbwissen oder Nachlässigkeit gescheitert sind. Bei einem Online-Shop wurde, wie bereits beschrieben, sogar vergessen, das Attribut „noindex" zu entfernen, wodurch Google nicht mehr auf den Shop zugreifen dufte und sämtliche Rankings verloren gingen. Davor möchte ich Sie bewahren. Die beste Lösung wäre eigentlich, wenn Sie auf einen Relaunch verzichten und Ihre Website schrittweise optimieren. Falls das nicht mehr möglich ist, berücksichtigen Sie bitte die nachstehenden Tipps.

Die größte Schwachstelle bei einem Relaunch ist das Thema Weiterleitungen. Sollten Sie eine neue URL-Struktur wählen, ein SSL-Zertifikat einsetzen oder auch einfach nur ein neues Website-System einsetzen, dann ist es essenziell, dass die alten URLs auf die neuen mit einem sogenannten 301-Code weitergeleitet werden. So signalisieren Sie Google, dass die alten URLs permanent und nicht nur temporär weitergeleitet werden.

Während des Website-Relaunches sollte Ihre Website vor Google geschützt werden – die Suchmaschine soll also nicht auf die Inhalte zugreifen können. Der Grund ist einfach: Die Suchenden sollen in diesem Stadium noch nicht auf die neue Website und Google ggf. auf doppelte Inhalte stoßen. Setzen Sie daher entweder einen Passwortschutz auf die Seite (sodass man, bevor auf die Seite zugreift, erst ein Passwort eingeben muss) oder stellen Sie die Website in den Meta-Angaben auf „noindex". Stellen Sie sich nur bitte sicher (zum Beispiel mit einer elektronischen Erinnerung), dass diese Angabe auch wieder entfernt wird. Des Weiteren sollten Sie die Optimierungshinweise aus Abschn. 2.6 berücksichtigen.

▶ **Zusatztipp: Checkliste für den Relaunch** Unter https://sensational.marketing/downloads/seo-anforderungen-fuer-relaunch/ finden Sie übrigens auch eine Checkliste für Ihren Relaunch.

3.3   Special Content Result Blocks

Google, LinkedIn und alle weiteren Plattformen haben ein Ziel: Die Besucher auf der eigenen Website zu halten. Seit Jahren ergänzt Google die Suchergebnisse um weitere Angebote für die Suchenden – zumindest aus Sicht der Suchenden. Denn die Informationen werden meist nur aufbereitet und prominent in den Suchergebnissen dargestellt. Sicherlich kennen Sie die Ergebnisse bei Suchen nach Hotels, Flügen und Jobs. Diese Spezialergebnisse werden Compilations genannt (Erlhofer 2018).

Abb. 3.7 Compilation „Nutzer fragen auch" für die Suchanfrage „Fußball" (Google und das Google-Logo sind eingetragene Marken von Google Inc., Verwendung mit Genehmigung). (Quelle: Google.de)

3.3.1   FAQs

Bei sehr vielen Suchanfragen werden mittlerweile zwei verschiedene Zusatz-boxen in den Suchergebnissen angezeigt. Zum einen ist das die Box „Nutzer fragen auch" (Abb. 3.7). Und zum anderen die Erweiterung eines Suchergeb-nisses (Abb. 3.8).

Die Optimierung für diese beiden Boxen funktioniert leider nicht gleich. Für die Compilation „Nutzer fragen auch" ist meistens eine separate Unter-seite notwendig. Dabei stellen Sie die Fragestellung als h1-Überschrift ein und beantworten ausführlich die Frage. In der URL, dem Title und der Meta-Description sollte bestmöglich auch die Fragestellung enthalten sein.

Die Erweiterung Ihres Suchergebnisses (Abb. 3.8) erreichen Sie durch die Optimierung der Unterseite, für die Sie bereits in den Suchergebnissen für das Keyword gefunden werden. In Abschn. 2.5.1 haben Sie die Aufteilung der Keywords auf die Unterseiten vorgenommen. Für eine ausgewählte Unterseite erweitern Sie jetzt den Content um die Beantwortung von Fragen. Die Fragen werden eventuell bereits als Fragestellung in den Suchvorschlägen angezeigt und können diese auf der Unterseite beantworten. Diesen Zusatzcontent können Sie auf der Unterseite anzeigen. Zusätzlich sollten Sie im Head-Bereich des Quellcodes die Fragen und Antworten via JSON-LD (Abkürzung für JavaScript Object Notation for Linked Data) Skript einfügen. Nutzen Sie dafür einfach den JSON-LD Generator von https://technicalseo.com/tools/schema-markup-generator/ und wählen „FAQ Page" bei der Frage, welches Schema.org Markup verwendet werden soll, aus. Darunter können Sie anschließend die Fragen und Antworten eingeben. Beachten Sie jedoch, dass Sie keine Anführungszeichen ein-setzen, da sonst Fehler entstehen.

▷ Vorname Lukas: Herkunft, Bedeutung & Namenstag

https://www.vorname.com › name,Lukas

Lukas als Jungenname ♂ Herkunft, Bedeutung & Namenstag im Überblick ✓ Alle Infos zum Namen **Lukas** auf Vorname.com entdecken!

Was bedeutet der Name Lukas?	∨
Woher kommt der Name Lukas?	∨

Abb. 3.8 Suchergebniserweiterung bei der Suche nach „Lukas" (Google und das Google-Logo sind eingetragene Marken von Google Inc., Verwendung mit Genehmigung). (Quelle: Google.de)

Nachstehend finden Sie einen beispielhaften Code für eine FAQ Page:

```
<script type="application/ld+json">
{
"@context" : "https://schema.org",
"@type" : "FAQPage",
"mainEntity" : {
"@type" : "Question",
"name" : "",
"acceptedAnswer" : {
"@type" : "Answer",
"text" : ""
}
}
}
</script>
```

Sobald Sie das Skript auf Ihrer Webseite eingebaut haben, können Sie die Funktionsweise mithilfe des Tools https://search.google.com/structured-data/testing-tool testen. In der Abb. 3.9 sehen Sie, wie Google aus dem Quelltext meiner Unterseite https://sensational.marketing/online-marketing-strategie/ und dem JSON-LD-Skript die Informationen aufgenommen bzw. verstanden hat.

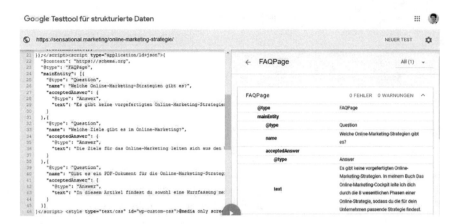

Abb. 3.9 Rich Snippet Test für sensational.marketing (Google und das Google-Logo sind eingetragene Marken von Google Inc., Verwendung mit Genehmigung). (Quelle: Google. de)

3.3.2   Google Jobs

Eine weitere Compilation ist Google Jobs. Seit 2019 bietet Google in den Such-ergebnissen eine Übersicht über die Stellenanzeigen an. Dadurch erhalten Website-Betreiber nun die Möglichkeit, kostenlos mit der eigenen Stellenbe-schreibungsseite in den Suchergebnissen prominent angezeigt zu werden.

Die Optimierung für Google Jobs ist recht simpel: Sie müssen lediglich auf der entsprechenden Unterseite die verschiedenen Informationen für Google ver-ständlich machen. Denn woher soll Google aus dem Text entnehmen, dass es beispielsweise eine Vollzeitstelle ist? Es gilt, die Informationen für Google ver-ständlich zu machen – und das können Sie mit Schema.org-Auszeichnungen umsetzen. Wie bereits in Abschn. 3.3 erläutert, empfehle ich Ihnen die Web-seite https://technicalseo.com/tools/schema-markup-generator/. Erstellen Sie mit diesem Tool einen JSON-LD-Code, den Sie in den Header Ihrer Stellenbe-schreibungsseite einsetzen. Sorgen Sie bitte dafür, dass der Code nur auf dieser einen Unterseite erscheint.

```
<script type="application/ld+json">
{
"@context": "https://schema.org/",
```

```
"@type": "JobPosting",
"title": "Online Marketing Manager (m/w/d)",
"description": "Hier folgt die Stellenbeschreibung.",
"hiringOrganization" : {
"@type": "Organization",
"name": "Sensational Marketing GmbH"
},
"datePosted": "2020-01-22",
"validThrough": "2020-03-31",
"jobLocation": {
"@type": "Place",
"address": {
"@type": "PostalAddress",
"streetAddress": "Dönhoffstr. 40",
"addressLocality": "Leverkusen",
"postalCode": "51373",
"addressCountry": "DE"
}
}
}
</script>
```

3.3.3 Featured Snippets

Ein Ziel jeder SEO ist es, auf Position eins zu stehen. Seit einiger Zeit können Sie das mit dem Featured Snippet leichter schaffen, womit Sie über den organischen Ergebnissen stehen können (siehe Abb. 3.10). Die Intention von Google ist es, die Fragen der Suchenden direkt zu beantworten oder zumindest eine noch bessere Vorschau auf die Antwort einer Website auf die Frage zu geben, ohne dass die Surfer erst auf die Website navigieren müssen. Für Sie als Website-Betreiber ist dies eine immense Chance, in kurzer Zeit ganz oben zu stehen.

Das unterschiedliche Auftreten von Featured Snippets
Aktuell finden Sie in Google fünf Arten von Featured Snippets, die jeweils eine andere Art von Optimierung für Sie bedeuten. Diese liste ich Ihnen nachstehend auf:

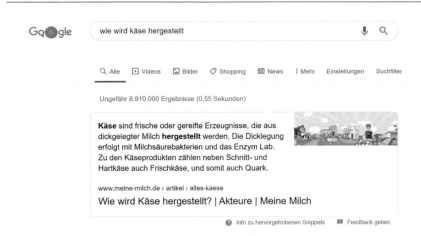

Abb. 3.10 Featured Snippet in Google (Google und das Google-Logo sind eingetragene Marken von Google Inc., Verwendung mit Genehmigung). (Quelle: Google.de)

1. Text-Snippets – zum Beispiel Suche nach „Woraus besteht eine Kerze?"
2. Text-Bild-Snippets – zum Beispiel Suche nach „iPod Preis"
3. Video-Snippets – zum Beispiel Suche nach „Samsung Galaxy S7 Unboxing"
4. Listen-Snippets – zum Beispiel Suche nach „1/2 Zoll in cm Durchmesser"
5. Tabellen-Snippets – zum Beispiel Suche nach „Zubereitung Zimtschnecken"

So finden Sie Keywords mit Featured Snippets

Die Keywords mit Featured Snippets können Sie entweder durch manuelles Suchen oder SEO-Tools finden. Die SEO-Tools stelle ich Ihnen zwar auch in Kap. 4 vor, doch ist Sistrix eines der ersten deutschen Tools gewesen, das die Möglichkeit bietet, direkt nach Keywords zu filtern, die eine Featured-Snippets-Integration beinhalten.

So optimieren Sie Ihre Inhalte für Featured Snippets

Die Optimierung für Featured Snippets ist kein Hexenwerk. Generell sollten Sie die SEO-Grundlagen verinnerlicht haben – wenn Sie diese für Featured Snippets anwenden, haben Sie gute Chancen, auf Position null zu kommen. Der Trick ist, eben diese Keywords mit Featured-Snippet-Erweiterung herauszufinden und darauf zu optimieren:

- Verwenden Sie das exakte Keyword in der Hauptüberschrift (h1).
- Verwenden Sie das exakte Keyword mehrfach im Text (siehe dazu Abschn. 2.5.4.1)
- Nutzen Sie Trigger-Wörter: So, wie Sie eine Frage alltäglich beantworten, so sollten Sie auch eine Definitionsfrage auf Ihrer Website beantworten. „Keyword" bedeutet/bezeichnet ... Bei einer Anleitung verwenden Sie Verben, wie „benutze, nehme, schreibe".
- Aufzählungspunkte: Wenn Sie für ein Listen-Snippet positioniert werden möchten, nutzen Sie zwingend <ul> und <li> als HTML-Auszeichnung für eine Liste. Alternativ können Sie aber auch <div>-Anweisungen nutzen. Generell werden acht Listenpunkte in Google angezeigt, daher sollten Sie unbedingt mindestens neun Listenpunkte aufführen, sodass die Surfer auf Ihre Website navigieren möchten, um den letzten Punkt herauszufinden.

3.4 Social Media

Der Einfluss von Social Media auf SEO ist seit Jahren sehr umstritten. Im November 2019 äußerte der Google-Mitarbeiter Johannes Müller in einem Webmaster-Hangout, dass soziale Signale nicht Teil der Bewertungskriterien sind (Google 2019).

Doch möchte ich die Wichtigkeit von Social Media für SEO überhaupt nicht herabstufen. Ganz im Gegenteil! Social Media ist insbesondere für Content-Marketing wichtig. Wie in Abschn. 2.5.5.4 zu diesem Thema bereits erläutert, sollten Sie nicht nur herausragenden Inhalt erstellen, sondern für diesen auch Marketing betreiben. Er muss bekannt werden, und genau dafür ist Social Media prädestiniert: Sie können unter anderem mithilfe von Twitter schnell Pressefachleute (siehe dazu die Liste https://twitter.com/SageGermany/lists/twitternde-journalisten/members) oder mit Facebook(-Ads) die gewünschte Zielgruppe und Blogger effizient erreichen. Letztlich können Sie mithilfe dieser Maßnahmen Backlinks generieren, die wiederum ganz klar als Rankingfaktor gelten.

▶ **Noch ein Tipp** Möchten Sie herausfinden, welche Inhalte auf Ihrer Facebook-Seite zu den meisten Likes und Shares führen, dann testen Sie fanpage karma (https://www.fanpagekarma. com/). Damit können Sie auch Ihre Wettbewerber analysieren und herausfinden, an welchem Tag zu welcher Uhrzeit ein Post die meisten Social Signals generiert.

Literatur

Erlhofer, S. (2018). *Suchmaschinen-Optimierung: Das umfassende Handbuch.* Bonn: Rheinwerk Verlag.

Google. (2019). English Google webmaster central office-hours hangout. https://www. youtube.com/watch?v=hNXSqRM7Xfs&time_continue=761. Zugegriffen: 7. Febr. 2020.

Sistrix GmbH. (2020). Google venice update. https://www.sistrix.de/frag-sistrix/google-algorithmus-aenderungen/google-venice-update/. Zugegriffen: 23. Januar 2020.

Statista. (2019a). Welche der folgenden Dienste und Produkte von Google nutzen Sie mindestens gelegentlich? https://de.statista.com/statistik/daten/studie/613530/umfrage/ nutzung-von-google-produkten-in-deutschland/. Zugegriffen: 23. Jan. 2020.

Statista. (2019b). Wie häufig schauen Sie pro Tag auf Ihr Smartphone? https:// de.statista.com/statistik/daten/studie/744138/umfrage/umfrage-zur-taeglichen- nutzungshaeufigkeit-von-smartphones-in-deutschland/. Zugegriffen: 23. Jan. 2020.

Die SEO-Wirtschaftlichkeitsberechnung 4

Suchmaschinenoptimierung ist kein Selbstzweck. Top-Rankings mögen für SEO-Experten ein sportliches Anliegen sein. Für Unternehmer und Marketingleiter stehen wirtschaftliche Fragen am Anfang des Prozesses: Wie viel Budget ist erforderlich, um gefunden zu werden? Wofür verwenden wir das Budget am besten? Ist das Angebot der SEO-Agentur angemessen oder zu teuer? Sind die kalkulierten Aufwände zu gering, um den angestrebten Erfolg zu erzielen?

Berücksichtigen Sie für die Planung Ihrer Marketingaktivitäten die richtigen Kennzahlen. Es empfiehlt sich, jährlich die Wirtschaftlichkeitsberechnung vorzunehmen zur Planung der Budgets. Diese können Sie recht einfach anhand einer What-if-Analyse durchführen. Eine Excel-Vorlage dafür können Sie unter https://bastiansens.de/outwhatif herunterladen. In der Videoanleitung von Bastian Sens unter https://bastiansens.de/outwhatifvideo wird die einfache Handhabung der Datei erklärt.

Auch bei der Erarbeitung einer neuen Suchmaschinenmarketing-Strategie sollte die Berechnung der Wirtschaftlichkeit zum Standard gehören. Das dürfen Sie auch von potenziellen Dienstleistern verlangen. Ist zusätzliches Budget erforderlich, hilft die Wirtschaftlichkeitsberechnung bei der Kommunikation mit wichtigen Stakeholdern im Unternehmen. Sie sorgt dafür, dass Entscheidungen gemeinsam getragen werden. Im Idealfall können Sie so klar argumentieren: „Wenn wir dieses Jahr X investieren, können wir die Ziele Y erreichen und die Marge Z erwirtschaften."

Die Ausgangsdatenlage

So einfach und begeisternd dieses Ergebnis idealerweise ist, so kompliziert und verwirrend kann es sein, sich diesem Ergebnis zu nähern. Die Berechnung ist bei Onlineshops und B2B-Websites ohne direkte Umsätze grundsätzlich ähnlich.

B. Sens, *Das SEO-Cockpit*, https://doi.org/10.1007/978-3-658-29494-6_4

Etwas leichter aufzuzeigen ist sie im E-Commerce: Als Ausgangsbasis genügen wenige Kennzahlen und einfache Annahmen: Der durchschnittliche Bestellwert, die Marge und Conversion-Rate lassen sich im bestehenden Shop analysieren. Zusätzlich benötigen Sie das monatliche Suchvolumen und die angestrebte durchschnittliche Position in der Suchmaschine. Möchten Sie Google Ads in Ihre Analyse aufnehmen, können Sie direkt die Wirtschaftlichkeit des gesamten Suchmaschinenmarketings berechnen. Sie benötigen zusätzlich den durchschnittlichen Klickpreis für Ihr Keywordset. Der Fachbegriff Keywordset fasst die Keywordauswahl und Aufteilung der Keywords zusammen, wie in Abschn. 2.5.2.7 beschrieben.

Die richtige Klickrate
Kennen Sie das Suchvolumen Ihres Keywordsets, können Sie anhand der angestrebten Position in der Suchmaschine eine durchschnittliche Klickrate ermitteln. Es gibt verschiedene Studien aus den letzten Jahren zu diesem Thema. Darüber hinaus ist es möglich, die durchschnittliche CTR für die bestehenden Positionen Ihrer Suchergebnisse zu berechnen. Alternativ können Sie auf top-aktuelle, internationale Daten von Advanced Web Ranking unter https://www.advancedwebranking.com/ctrstudy/ zurückgreifen. Beachten Sie, dass sich das Suchmaschinenmarketing in den letzten Jahren verändert hat. Alte Studien sind eventuell nicht mehr zutreffend. Unterschiedliche Suchintentionen verändern die Ergebnisse. Sogar die Region hat Einfluss darauf, wie die Suchenden mit den Ergebnissen interagieren. Je nach Suchanfrage und angenommener Suchintention liefert Google spezielle Suchergebnisse, sogenannte Snippets, vor der ersten Position aus. Manche dieser Snippets können Sie durch Optimierungen erreichen. Beispielsweise erreichen Sie das Shopping Snippet nur durch das Schalten von Anzeigen bei Google Shopping. Allein durch die Optimierungen auf Ihrer Seite werden Sie dort nicht platziert. Bislang sprachen SEOs dabei von der „Position Null", da dies nicht in der Google Search Console erfasst wurde. Seit Dezember 2019 hat Google angefangen, diese Snippets als Positionen in der Google Search Console zu werten. Das hat die Rankings in der Auswertung teilweise stark geändert. Als Folge können sich auch die durchschnittlichen Klickraten für bestimmte Positionen in Zukunft verändern. Überprüfen Sie darum Ihre Annahmen im Vorhinein und passen Sie ggf. die angenommene Klickrate an.

Die einfache Wirtschaftlichkeitsberechnung im E-Commerce ohne Kundenwert
Wenn Sie das Suchvolumen mit der Klickrate der von Ihnen angestrebten Position multiplizieren, wissen Sie, wie viele Klicks Sie erreichen können. Multiplizieren

Sie Ihre Klicks mit der Conversion-Rate, erhalten Sie die Anzahl der Käufe. Sie können anhand der durchschnittlichen Bestellwerte den angestrebten Umsatz bestimmen. Doch Vorsicht: Lassen Sie sich nicht vom Umsatz blenden!

Erst unter Berücksichtigung der Marge und der Kosten für die Such-maschinenoptimierung können Sie durch den Deckungsbeitrag eine aussage-fähige Kennzahl zur Wirtschaftlichkeit ermitteln.

Formeln zur Berechnung der SEO-Wirtschaftlichkeit in mehreren Schritten

- [Suchvolumen] × [Klickrate] = [Klicks]
- [Klicks] × [Conversionrate] = [Bestellungen]
- [Bestellungen] × [durschn. Bestellwert] = [Umsatz]
- [Umsatz] × [% Marge] − [SEO-Budget] = [DB1]

Formel zur Berechnung der SEO-Wirtschaftlichkeit in einem Schritt
[Suchvolumen] × [Klickrate] × [Conversionrate] × [durschn. Bestellwert] × [% Marge] − [SEO-Budget] = [DB1]

Anschaulicher wird dies mit einem Beispiel. Der Suchbegriff „Fahr-rad kaufen" wurde durchschnittlich 60.500-mal pro Monat gesucht. Gibt man diesen Suchbegriff auf dem Desktop ein, erhält man auf den ersten Positionen Google-Ads-Anzeigen. Danach folgen einige lokale Suchergeb-nisse mit Google Maps Integration. Rechts neben diesen Ergebnissen erscheinen Google-Shopping-Anzeigen. Darunter erscheinen die organischen Suchergeb-nisse. Bei dieser Betrachtung ist der größte Anteil der Nutzer aber nicht berück-sichtigt: der Anteil der mobilen Nutzer. Auf dem Smartphone erscheint zuerst ein Google-Shopping-Ergebnis, danach erscheinen drei Google-Ads-Anzeigen, dann drei lokale Suchergebnisse mit Google Maps Integration. Erst danach folgen die organischen Suchergebnisse.

Um die Klickrate für die Berechnung zu ermitteln, betrachten wir – basierend auf den gelieferten Treffern – die Klickraten für Mobile- und Desktop-User für Suchanfragen mit Location und Commercial Intent bei Advanced Web Rankings. Für Position eins liegt dieser bei ca. 30 %, für Position zwei zwischen 13 und 17 %, für Position drei zwischen acht und zehn Prozent. Bei der Wettbewerbs-intensität für diesesKeyword ist es nur für eine Website, der Google großes Ver-trauen gewährt, realistisch, auf diese Positionen zu kommen. Hinzu kommt, dass die erste Position in den organischen Suchergebnissen bei den Klickraten vermutlich eher Position zwei oder drei ähnelt aufgrund der Vielzahl an Snippets, die Google auf „Position Null" ausliefert. Die weiteren Zahlen stammen aus Ihrem Shop:

Praxisbeispiel: Berechnung der SEO-Wirtschaftlichkeit für einen Onlineshop

60.500 (Suchanfragen) $\times$ 10 % (Klickrate) $=6050$ (Klicks)

6050 (Klicks) $\times$ 1,5 % (Conversion-Rate) $=91$ (Bestellungen)

91 (Bestellungen) $\times$ 500 € (durschn. Bestellwert) $=45.500$ € (Umsatz)

45.500 € (Umsatz) $\times$ 30 % (Marge) $-$ 5000 € (SEO-Budget) $=8650$ € (DB1)

◄

In diesem Beispiel wäre also nur für den Suchbegriff „Fahrrad kaufen" ein SEO-Budget von 5000 EUR monatlich wirtschaftlich sinnvoll, um das erste organische Suchergebnis zu erreichen. Bis zu einem Budget von ca. 13.650 EUR wird ein positiver Deckungsbeitrag erwirtschaftet, sofern das erste organische Suchergebnis erreicht wird. In der Praxis werden zusätzlich die angrenzenden Themen und ähnliche Suchbegriffe mit dem Suchmaschinenmarketing und in die Betrachtung der Wirtschaftlichkeit aufgenommen. So wird das Ergebnis sogar noch etwas besser.

Die Wirtschaftlichkeitsberechnung für B2B-Websites

Wenn Sie eine B2B-Website betreiben, ersetzen Sie in der Formel zur Berechnung der Wirtschaftlichkeit in einem Schritt die Bestellungen durch Anfragen, den durchschnittlichen Bestellwert und die prozentuale Marge durch den Kundenwert und Ihre Abschlussquote. Alternativ können Sie mit dem durchschnittlichen Auftragswert eine kurzfristige Betrachtung durchführen. Bei dieser Berechnung ist es wieder wichtig, die anteilige Marge zu berücksichtigen.

Die Wirtschaftlichkeitsberechnung für Google Ads
Berechnung der SEO-Wirtschaftlichkeit

Formel zur Berechnung der SEO-Wirtschaftlichkeit für B2B-Websites mit Kundenwert

- [Suchvolumen] $\times$ [Klickrate] $\times$ [Conversionrate] $\times$ [Abschlussquote] $\times$ [Kundenwert] $-$ [SEO-Budget] $=$ [DB1]

Formeln zur Berechnung der SEO-Wirtschaftlichkeit mit Auftragswert

- [Suchvolumen] × [Klickrate] = [Klicks]
- [Klicks] × [Conversion-Rate] = [Anfragen]
- [Anfragen] × [Abschlussquote] = [Aufträge]
- [Aufträge] × [Auftragswert] = [Umsatz]
- [Umsatz] × [% Marge] − [SEO-Budget] = [DB1]

Formel zur Berechnung der SEO-Wirtschaftlichkeit mit Auftragswert in einem Schritt
- [Suchvolumen] × [Klickrate] × [Conversion-Rate] × [Abschlussquote] × [Auftragswert] × [% Marge] − [SEO-Budget] = [DB1]

Mit den von Ihnen bereits recherchierten Daten ist es nur noch ein kleiner Schritt, um auch Google Ads in Ihre Berechnung aufzunehmen und so die Wirtschaftlichkeit für das gesamte Suchmaschinenmarketing zu erhalten. In Google Ads können Sie pro Keyword und Keywordset den durchschnittlichen Klickpreis aus dem Durchschnitt der letzten Monate erfahren. Unter der Annahme, dass dieser Preis stabil bleibt, können Sie das voraussichtliche Ergebnis Ihrer Werbeausgaben überschlagen.

Multiplizieren Sie den durchschnittlichen Klickpreis für Ihr Keywordset mit dem geplanten monatlichen Budget, erhalten Sie die voraussichtliche Anzahl der Klicks. Multiplizieren Sie die Klicks mit Ihrer Conversion-Rate, erhalten Sie die Anzahl der Käufe. Sie können wieder anhand der durchschnittlichen Bestellwerte den angestrebten Umsatz bestimmen und erhalten unter Berücksichtigung der Marge den Deckungsbeitrag. Ein Vorteil dieses Modells ist, dass Sie bei positivem Deckungsbeitrag nur durch die Steigerung des eingesetzten Budgets direkt den zu erwartenden Gewinn maximieren können. Haben Sie bereits Anzeigen geschaltet und kennen Sie die Klickraten, können Sie durch das Suchvolumen Ihres Keywordsets das maximal sinnvolle Budget ermitteln. Multiplizieren Sie das Suchvolumen mit der Klickrate, und Sie erhalten die maximal möglichen Klicks. Theoretisch erreichen Sie mit Ihren Anzeigen so alle Suchenden. Beachten Sie aber, dass die Anzeigen im Bieterverfahren geschaltet werden.

Berechnung der SEA-Wirschaftlichkeit

Formeln zur Berechnung der SEA Wirtschaftlichkeit in mehreren Schritten
- [Klickpreis] × [Budget] = [Klicks]
- [Klicks] × [Conversion-Rate] = [Bestellungen]
- [Bestellungen] × [durschn. Bestellwert] = [Umsatz]
- [Umsatz] × [% Marge] − [Budget] = [DB1]

Formel zur Berechnung der SEA-Wirtschaftlichkeit in einem Schritt
- [Klickpreis] × [Budget] × [Conversion-Rate] × [durschn. Bestellwert] × [% Marge] − [Budget] = [DB1]

Formel zur Berechnung des maximal Wirtschaftlichen SEA-Budgets
- [Klickpreis] × [Budget] = [Suchvolumen] × [Klickrate]

Je mehr Budget Sie in Anzeigen investieren, desto mehr steigt der Konkurrenzdruck. Als Folge können die Klickpreise steigen, sodass die Berechnung der Wirtschaftlichkeit sich verändert. Für diesen Fall können Sie den maximal wirtschaftlichen Klickpreis anhand der Marge festlegen. Die Klickpreise so weit zu steigern, kann beispielsweise strategisch sinnvoll sein, um Mitbewerber zu verdrängen. Unter Betrachtung des Kundenwerts oder Customer Lifetime Values (kurz CLV) kann sogar ein noch höherer Klickpreis wirtschaftlich sinnvoll sein. Der Kundenwert bzw. CLV beschreibt, welchen Wert ein Kunde insgesamt für ein Unternehmen hat. Er geht also über den einzelnen Kauf hinaus und bezieht Wiederholungskäufe oder auch Abonnements in die Berechnung ein.

Die Wirtschaftlichkeitsberechnung unter Berücksichtigung des Kundenwertes
Je nach Geschäftsmodell können Sie zusätzlich den Kundenwert, also den Anteil der Wiederholungskäufer, berücksichtigen. Gewinnen Sie durch das Suchmaschinenmarketing treue Kunden, die mehrfach Käufe tätigen, so steigert dies den Wert Ihrer Arbeit. Unternehmen, die nicht nur den kurzfristigen Gewinn, sondern ein dauerhaftes Wachstum anstreben, sollten dies ebenfalls in die Berechnung der Wirtschaftlichkeit des Suchmaschinenmarketings einbeziehen. Bedenken Sie, dass der Wettbewerb im Suchmaschinenmarketing in den meisten Branchen nicht nachlassen wird. Sollte der Deckungsbeitrag bei der Betrachtung der

Wirtschaftlichkeitsberechnung mit Kundenwert

Annahmen	
Durchschnittlicher Bestellwert	75,00 €
Marge im Shop	80,00%
Conversion-Rate Shop	1,75%
Durchschnittliche SEO-Pos.	2
Aufsummiertes Suchvolumen (P	15000

Isolierte Betrachtung Ads	
Angenommener Klickpreis	0,71 €
Budgeteinsatz	2.000,00 €
Klicks	2.817
Käufe	49
Umsatz	3.697,18 €
Marge	2.957,75 €
DB1	957,75 €

Kundenwert - Käufer die wiederholt kaufen nun berücksichtigt

Anteil der "Wiederholungskäufer", die die Käufe mit entsprechender Anzahl wiederholen	Anzahl der wiederholten Käufe eines Kunden	Zusätzliche Käufe durch wiederholte Käufe
30%	1	15
20%	2	20
10%	4	20
		54
	Umsatz	4.066,90 €
	Marge	3.253,52 €
	DB 1	4.211,27 €

Isolierte Betrachtung SEO	
Budgeteinsatz	2.000,00 €
Klicks	1.800
Käufe	32
Umsatz	2.362,50 €
Marge	1.890,00 €
DB1	-110,00 €

Kundenwert - Käufer die wiederholt kaufen nun berücksichtigt

Anteil der "Wiederholungskäufer", die die Käufe mit entsprechender Anzahl	Anzahl der wiederholten Käufe eines Kunden	Zusätzliche Käufe durch wiederholte Käufe
30%	1	9
20%	2	13
10%	3	9
		32
	Umsatz	2.362,50 €
	Marge	1.890,00 €
	DB 1	1.780,00 €

SUMME DB1 Direkt	847,75 €
SUMME DB1 Kundenwert	5.991,27 €

Abb. 4.1 Excel-Darstellung der Wirtschaftlichkeitsberechnung mit Kundenwert

SEO-Wirtschaftlichkeit ohne den Kundenwert negativ sein, ist es dennoch möglich, dass die Suchmaschinenoptimierung wirtschaftlich sinnvoll ist. Die Berechnungen in Excel zusammenzuführen, schafft einen guten Überblick (Abb. 4.1).

Die richtige Struktur für die Wirtschaftlichkeitsberechnung

Damit die Aussagen Ihrer Berechnungen möglichst präzise zutreffen, empfiehlt es sich, Ihren Shop und ggf. auch Keyword-Sets nach Kategorien gegliedert zu analysieren.

- **Informative Keywords** haben vermutlich eine geringere Conversion-Rate als Keywords mit erkennbarer Kaufabsicht. Die Unterteilung danach, in welcher Phase der Kaufentscheidung Sie Ihre Zielgruppe erreichen, wird aber in vielen Fällen sehr kleinteilig, sodass es oft zweckmäßiger ist, nur die Durchschnittswerte der Zielseiten zu nutzen.
- **Die Unterteilung nach Produktkategorien** ist hingegen oft sinnvoll und leichter durchführbar. Es lassen sich Keywordsets bilden, die eine relativ homogene und stabile Conversion-Rate für eine Produktgruppe mit einer bekannten Marge abbilden. Pro Produktgruppe bzw. Keywordset ist es somit möglich, eine eigene Analyse durchzuführen.

Eine verknüpfte Zusammenfassung dieser Analysen ist ein aussagekräftiges Hilfsmittel, um Budgetentscheidungen auch für Personengruppen mit wenig Kontaktpunkten zum Online-Marketing nachvollziehbar zu machen. Sogar eine Extrapolation auf mehrere Jahre unter Berücksichtigung der vorhandenen und planbaren finanziellen und personellen Mittel ist möglich, umdie Wirtschaftlichkeit großer

Wirtschaftlichkeitsberechnung Jahr 1

	Budget	Umsatz	DB1	ROI
Ads	9.600,60 €	47.153,15 €	18.468,04 €	192%
SEO	28.512,00 €	137.267,42 €	60.333,83 €	212%
SUMME	38.112,60 €	184.420,58 €	78.801,87 €	202%

Wirtschaftlichkeitsberechnung Jahr 2

	Budget	Umsatz	DB1	ROI
Ads	20.400,12 €	82.655,37 €	29.589,00 €	145%
SEO	42.012,00 €	210.150,88 €	96.837,18 €	230%
SUMME	62.412,12 €	292.806,25 €	126.426,18 €	188%

Wirtschaftlichkeitsberechnung Jahr 3

	Budget	Umsatz	DB1	ROI
Ads	34.200,12 €	149.441,09 €	59.852,32 €	175%
SEO	50.412,00 €	243.525,52 €	105.124,50 €	209%
SUMME	84.612,12 €	392.966,61 €	164.976,82 €	192%

Wirtschaftlichkeitsberechnung Jahr 4

	Budget	Umsatz	DB1	ROI
Ads	52.200,12 €	236.929,23 €	100.126,32 €	192%
SEO	50.412,00 €	243.525,52 €	105.124,50 €	209%
SUMME	102.612,12 €	480.454,75 €	205.250,82 €	200%

Wirtschaftlichkeitsberechnung Jahr 5

	Budget	Umsatz	DB1	ROI
Ads	68.400,12 €	304.248,26 €	122.738,79 €	179%
SEO	50.412,00 €	243.525,52 €	105.124,50 €	209%
SUMME	118.812,12 €	547.773,77 €	227.863,29 €	194%

Abb. 4.2 Excel-Darstellung der Fünf-Jahres-Wirtschaftlichkeitsberechnung

Projekte, wie der Erstellung eines Onlineshops oder eines Relaunchs, bewerten zu
können (Abb. 4.2).

Das SEO-Budget
Spätestens an dieser Stelle sollten Sie sich zusätzlich die Frage stellen: „Wie
ermittelt man eigentlich den Aufwand, der zur Erreichung einer durchschnittlichen SEO-Position notwendig ist?" Die Beantwortung dieser Frage erfordert
Erfahrung im Suchmaschinenmarketing, Kenntnisse über den eigenen Markt und
über den Wettbewerb. Grundsätzlich setzen sich die Kosten immer aus ähnlichen
Positionen zusammen:

- Kosten für Analysen und Recherchen
- Entwicklung der Suchmaschinenmarketing-Strategie
- Erstellung einer Domainarchitektur und Verlinkungsstruktur

- Redaktionelle Bearbeitung und Erarbeitung von Inhalten
- Optimierung der Inhalte nach SEO-Kriterien
- Technische Optimierungen
- Erstellung von Highlight-Content
- Marketing für den Highlight-Content

Wie viel Aufwand in den einzelnen Punkten betrieben werden muss, hängt von Ihrer Website, deren Optimierungsgrad und vom Wettbewerb ab. Ein Punkt, der oft unterschätzt wird, ist die Erarbeitung von interessantem Highlight-Content, der Usern einen echten Mehrwert bietet. Planen Sie, zehn Shop-Kategorien zu optimieren, dann berücksichtigen Sie nicht nur den Zeitaufwand für die Anpassungen und Optimierungen auf Ihrer Seite. Bedenken Sie auch, dass ein angemessener Aufwand notwendig ist, um das Vertrauen der Suchmaschine in Ihre Website zu erhalten. Der Gewinn, der durch die Erstellung von Content entsteht, der so gut und interessant ist, dass Websites, die ein hohes Vertrauen genießen, darauf verweisen, kann die Kosten für die reine Onsite-Optimierung übersteigen. Es erfordert eine enge Zusammenarbeit zwischen SEO-Experten und Marketingabteilungen.

Bei wenig umkämpften Keywords genügte bislang oft eine gute Onsit- SEO. Verabschieden Sie sich von diesem Gedanken! Der Wettbewerb wird in Zukunft nicht nachlassen. Die unentdeckten Nischen werden nach und nach stärker umkämpft. Es wird darum immer wichtiger werden, das Vertrauen und die Aufmerksamkeit der Suchmaschinen durch Links und Erwähnungen auf Ihre Website zu ziehen. Herausragender Content wird in Zukunft Ihre Top-Ergebnisse in Suchmaschinen bestimmen.

Vergleichen Sie die Empfehlungen und Kosten Ihrer SEO-Agentur oder SEO-Abteilung mit den angestrebten Ergebnissen und Ihren Erfahrungen, so erhalten Sie eine gute Einschätzung zur Wirtschaftlichkeit. Nutzen Sie die Wirtschaftlichkeitsberechnung und steuern Sie Ihr Online Marketing gezielt, um für Ihr Unternehmen den größten wirtschaftlichen Nutzen zu erzielen.

SEO-Tools im Überblick

5

Viele der bisher genannten SEO-Analysen und -Maßnahmen können Sie manuell durchführen. Doch dafür bedarf es sehr viel Zeit. Ich empfehle Ihnen daher den Einsatz von SEO-Tools. Davon habe ich Ihnen in den jeweiligen Abschnitten bereits einige empfohlen, doch ist die Anzahl von SEO-Tools kaum mehr zu überblicken. Nachstehend stelle ich meine Lieblingstools kurz und prägnant vor:

Kostenlose SEO-Tools

- **Screaming Frog** (https://www.screamingfrog.co.uk): Das Tool zeigt Ihnen auf einen Schlag alle Ihre Website-Dokumente (neben HTML- zum Beispiel auch PDF-Dokumente) und deren Status: Existiert eine Unterseite nicht mehr (gibt sie also einen 404-Fehler aus) und wurde trotzdem intern verlinkt? Welche Unterseiten haben noch keine individuelle Meta Description? Falls Sie nur bis zu 500 Website-Dokumente publiziert haben, reicht die kostenlose Variante aus. Anderenfalls sollten Sie auf die kostenpflichtige Version umsteigen.
- **SeoQuake SEO Extension:** Dieses Add-on für die Browser Mozilla Firefox und Google Chrome zeigt Ihnen nach der Installation und dem Aufruf einer Website unter dem Punkt „Seiteninfo" unter anderem, wie hoch die Keyworddichte für den Webseitentext ist. Suchen Sie in Google einfach nach dem Add-on.
- **Sistrix Snippet Generator** (https://www.sistrix.de/serp-snippet-generator/): Testen und experimentieren Sie mit Ihrem Meta Title und der Description, um in den Suchergebnissen aufzufallen. Achten Sie

dabei unbedingt auf die Länge, sodass die beiden Elemente von Google nicht durch „…" abgekürzt werden.

- **JPEGmini** (https://www.jpegmini.com/): Wie in Abschn. 2.6 erklärt, ist die Ladezeit ein Rankingfaktor. Deshalb sollten Sie jede Bilddatei vor dem Upload verkleinern. Das können Sie mit JPEGmini leicht durchführen.
- **RYTE** (https://de.ryte.com/): Für die technische und inhaltliche Suchmaschinenoptimierung ist RYTE aktuell einer der Marktführer. Das Tool zeigt Ihnen verständlich und interaktiv auf, welche Bereiche Ihrer Website zu optimieren sind. Das Tool ist für bis zu 100 Unterseiten kostenlos.
- **SimilarWeb** (https://www.similarweb.com/): Mit diesem Tool können Sie herausfinden, wie viel Traffic Ihre Wettbewerber über SEO und andere Kanäle erhält. Die Analysen sind jedoch nur für Websites ab ca. 5000 Besucher pro Monat verfügbar. Für detailliertere Daten empfiehlt sich auch die kostenpflichtige Pro-Version.

Kostenpflichtige SEO-Tools

- **SISTRIX** (https://www.sistrix.de/): Das SEO-Tool bietet Ihnen alle wichtigen Daten für die strategische und operative Suchmaschinenoptimierung: Für welche Keywords werden Sie in Google gefunden? Welche Websites verlinken Sie? Wie ist die Entwicklung Ihrer Sichtbarkeit in Google in der Vergangenheit und aktuell? Wir nutzen Sistrix in meiner Agentur Sensational Marketing seit mehreren Jahren tagtäglich und es ist eins unserer wichtigsten Werkzeuge.
- **XOVI:** Ein weiteres Tool mit vielen ähnlichen SEO-Analysemöglichkeiten ist Xovi (https://www.xovi.de/). Im Vergleich zu Sistrix bietet Xovi sein Tool wesentlich kostengünstiger an. Mit der Breite an Funktionen ist es für viele Unternehmen eine sehr interessante Software.
- **Searchmetrics** (https://www.searchmetrics.com/): Das Unternehmen aus Berlin bietet ebenfalls ähnlich wie Sistrix diverse Analysemöglichkeiten im SEO-Bereich an. Zuletzt sind einige innovative Tools auf den Markt gekommen, wie zum Beispiel „Content Experience". Insbesondere für Unternehmen mit größeren Budgets ist Searchmetrics interessant.

- **Keywordtool.io** (https://keywordtool.io): Möchten Sie nicht ein vierstelliges Monatsbudget in Google AdWords ausgeben, empfiehlt sich Keywordtool.io. Das englischsprachige Tool ist für die Keywordrecherche sehr hilfreich, da es Ihnen das Suchvolumen für Keywords aufzeigt und darüber hinaus weitere themenrelevante Keywords vorschlägt. Mir gefällt insbesondere die Usability, die beim Keyword Planer von Google Ads sehr zu wünschen übrig lässt.
- **Link Research Tools** (https://www.linkresearchtools.com): Dieses Tool ist spezialisiert auf die Backlink-Analyse und -Bereinigung. Aufgrund dieser Spezialisierung ist die Datenbasis wirklich sehr gut.

Ausblick: Die Zukunft von SEO

6

Können Sie sich noch an die Zeit zwischen 1990 und 2000 erinnern, als Sie sich mit Ihrem Modem eingewählt haben (das Geräusch bleibt unvergesslich) und jede Webseite mehrere Sekunden, wenn nicht sogar Minuten geladen hat? Damals brauchten wir besonders eins: Geduld. In der heutigen Zeit ist diese Geduld jedoch schon in wenigen Sekunden aufgebraucht. Alles muss schnell gehen. Wir surfen nicht mehr nur am Schreibtisch, sondern mit dem Tablet oder dem Smartphone unterwegs oder auf dem Sofa. Erstaunlich, dass das erste Smartphone erst 2008 von Apple auf den Markt gebracht wurde. Seitdem hat sich so viel verändert, dass man kaum mehr hinterherkommt. Oder? So ergeht es nicht nur Ihnen und mir, sondern sehr vielen Menschen. Und beim Online-Marketing ist es ähnlich: Täglich kommen neue Werbemöglichkeiten auf den Markt und alle wollen nur Ihr Bestes: Ihr Geld! Auch wenn wir Europäer eher zur Beständigkeit tendieren als die Amerikaner, müssen auch wir unser Mindset umpolen. Es gilt, offen zu sein für neue Techniken, neue Optimierungsmöglichkeiten, neue Kanäle. Immer häufiger werden die digitalen Assistenten (wie Amazon Echo) in unseren eigenen vier Wänden Einzug halten. In vielen Themenbereichen wird damit das Suchen sicherlich eliminiert: Wetter, Taxi rufen, die gewohnte Milch nachbestellen, aktuelle Nachrichten. Doch in allen anderen Bereichen werden die digitalen Assistenten die Suche in Suchmaschinen nicht ersetzen (zumindest ist das in absehbarer Zeit nicht denkbar).

Meiner Ansicht nach wird SEO für die meisten Unternehmen ein essenzieller Baustein im Online-Marketing-Mix bleiben. Wir werden weiter nach Informationen, Herstellern, Dienstleistern usw. in Suchmaschinen suchen. Ob in Google oder irgendwann vielleicht auch mit einer anderen Suchmaschine. Wir werden suchen und finden. Das Finden wird Google sicherlich durch Algorithmusänderungen noch weiter erleichtern und die Suchmaschinenoptimierung auf Trab halten. SEO ist und bleibt ein Fulltime-Job, denn wir müssen Google auf den Fersen bleiben.

© Der/die Herausgeber bzw. der/die Autor(en), exklusiv lizenziert durch Springer Fachmedien Wiesbaden GmbH, ein Teil von Springer Nature 2020
B. Sens, *Das SEO-Cockpit*, https://doi.org/10.1007/978-3-658-29494-6_6

Stichwortverzeichnis

404-Fehlerseite, 94

A
Aufzählungspunkt, 48

B
Backlinks, 65
Bild, 57

C
canonical tag, 85
Content-Marketing, 67
Conversion-Rate, 75

D
Das Online-Marketing-Cockpit, 5
Disavow, 73
Domainname, 27
Duplicate Content, 50, 83, 84

E
E-A-T, 4, 61, 66
EKS®, 67
EKS®-Strategie, 11

F
FAQs, 122
Featured Snippets, 125

G
Gastartikel, 69
Google
  Ads, 42, 103
  Alerts, 103
  Data Studio, 102
  Jobs, 124
  Maps, 107
  My Business, 26, 111
  Search Console, 98

H
hreflang, 95
HTTP/2, 79
Hypersuggest, 37

I
Informationsarchitektur, 29
Interne Verlinkung, 88

K
Keywordauswahl, 40
Keyworddichte, 45

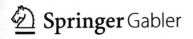

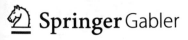

Printed in the United States
By Bookmasters